Guide pratique : L'Art de Penser Moins

Les Clés pour Arrêter de Trop Penser et apaiser votre esprit.

Table des matières

Partie 1 : Au-Delà du Simple Fait de Penser

Comprendre la *surpensée*

Chapitre 1 : Un Hamster dans une Roue

La surpensée n'est pas qu'un excès de réflexion. C'est un phénomène, presque tyrannique, où l'esprit s'enferme dans un labyrinthe de pensées répétitives. Elles tournent, s'entrelacent, mais n'aboutissent jamais à une issue claire. Ce n'est pas réfléchir davantage, c'est réfléchir en rond, jusqu'à l'épuisement.

Pour visualiser la surpensée, imaginez un hamster dans sa roue. Il court avec frénésie, dépensant une énergie folle, mais sans jamais avancer d'un millimètre. Et pourtant, il ne s'arrête pas. Plus il s'épuise, plus l'instinct l'incite à continuer, prisonnier d'un mouvement sans fin.

La surpensée fonctionne de manière similaire :

- Votre esprit "court" d'une pensée à l'autre, analysant et réanalysant des événements passés ou hypothétiques.
- Malgré cette intense activité mentale, vous n'arrivez pas à des conclusions utiles ou à des solutions concrètes.
- Vous vous sentez mentalement épuisé, mais quelque chose vous pousse à continuer ce processus de réflexion incessant.

La surpensée n'est pas une simple réflexion excessive, c'est un processus mental où l'esprit s'emballe, tournant en rond sans issue. Une course mentale sans arrivée, qui épuise sans faire avancer.

Les 7 Signes Révélateurs

Nous allons apprendre à repérer les signes pour identifier la surpensée. E n comprenant ces signes, vous faites le premier pas pour identifier et potentiellement adresser la surpensée dans votre vie. Reconnaître ces schémas est crucial pour commencer à briser le cycle et retrouver un équilibre mental plus sain.

1. Rumination constante :Vous vous surprenez à ressasser les mêmes idées, problèmes ou scénarios.
2. Difficulté à "lâcher prise" : Même lorsque vous savez que continuer à y penser n'est pas productif, vous ne pouvez pas vous arrêter.
3. Anxiété croissante : Ces pensées répétitives s'accompagnent souvent d'un sentiment d'inquiétude grandissant.
4. Sentiment d'impuissance :Face à ce flot incessant de pensées, vous vous sentez souvent démuni et incapable d'agir.
5. Épuisement mental et émotionnel :À force de "tourner" mentalement, vous vous sentez vidé, comme si votre énergie mentale était drainée.
6. Dans les cas plus sévères, la surpensée peut conduire à des symptômes de dépression ou exacerber des troubles anxieux existants.
7. Vous pouvez vous sentir piégé dans votre propre esprit, incapable d'échapper à ces pensées envahissantes.

Les Trois Visages du "Surpenseur"

Tout le monde peut tomber dans la surpensée, mais elle se manifeste différemment selon les personnalités.

Le Perfectionniste Anxieux

- Obsédé par les détails, il veut tout contrôler.
- Il imagine constamment des scénarios pour éviter de faire une erreur.
- Mais à force d'anticiper, il finit souvent paralysé.

Le Catastrophiste

- Il voit le pire partout, même quand tout va bien.
- Chaque petite difficulté devient une montagne dans son esprit.
- Cela le pousse à toujours s'attendre au pire, ce qui le bloque dans sa vie quotidienne.

Le Procrastinateur Intellectuel

- Il réfléchit tellement qu'il n'agit jamais.
- Chaque décision devient une montagne à gravir.
- En cherchant la solution parfaite, il finit par ne rien faire.

Êtes-vous Victime de Surpensée ?

La surpensée peut se cacher derrière des habitudes ou des sensations que l'on normalise. Voici quelques indices :

1. **Sur le Plan Mental**
   - Vous êtes souvent stressé ou anxieux, même sans raison évidente.
   - Vous vous sentez fatigué mentalement, incapable de vous concentrer.
   - Vos nuits sont souvent hantées par vos pensées.

2. **Dans Vos Actions**
   - Vous remettez tout au lendemain par peur de mal faire.

- Vous avez du mal à prendre des décisions, même simples.
- Vous évitez les situations qui pourraient vous stresser davantage.

3. **Et Même Physiquement**
   - Vos muscles sont tendus sans que vous vous en rendiez compte.
   - Vous avez souvent des maux de tête ou des problèmes digestifs.
   - Une fatigue constante vous suit, même après une bonne nuit de sommeil.

La Différence Entre Réfléchir et Ruminer

Il est important de distinguer la réflexion constructive de la rumination.

La Réflexion Constructive

- Elle est dirigée vers des solutions.
- Elle est temporaire, ciblée et mène à des actions concrètes.
- Elle aide à apaiser l'esprit une fois la solution trouvée.

La Rumination

- Elle tourne en rond, sans jamais trouver d'issue.
- Elle est interminable, souvent intrusive, et produit du stress.
- Elle vous bloque au lieu de vous libérer.

Pourquoi nous ruminons ?

La surpensée n'est pas une faiblesse : c'est un mécanisme de survie mal réglé. À l'origine, notre cerveau a développé cette capacité pour anticiper les dangers et réagir rapidement. Mais dans le monde moderne, où les dangers physiques immédiats sont rares, ce mécanisme peut se retourner contre nous et nous emprisonner dans un stress inutile.

Petit Test : Êtes-Vous un Surpenseur ?

Voici quelques questions simples pour évaluer si la surpensée fait partie de votre quotidien :
1. Passez-vous plus de 30 minutes par jour à ressasser des problèmes sans avancer ?
2. Vos pensées vous empêchent-elles parfois de dormir ?
3. Avez-vous du mal à lâcher prise, même sur des détails insignifiants ?
4. Vos proches vous disent-ils que vous "pensez trop" ou que vous "vous prenez trop la tête" ?

Si vous avez répondu "oui" à au moins deux de ces questions, il est possible que la surpensée fasse partie de votre routine mentale. La bonne nouvelle c'est qu'on va changer cette routine.

Ce que Vous Devez Retenir :

La surpensée n'est pas une fatalité. Ce n'est pas un défaut, mais une habitude mentale que vous pouvez apprendre à reconnaître et à changer. Comprendre comment elle fonctionne est la première étape pour reprendre le contrôle et transformer ce qui vous freine en un véritable atout.

Chapitre 2 : Les racines de la surpensée

Ou comment le hamster dans sa roue est devenu l'architecte d'un palais mental labyrinthique.

La surpensée. Ce mot, presque technique, dissimule une mécanique implacable. Elle n'est pas née de nulle part : elle est le fruit d'un long tissage de peurs, de désirs et de conditionnements, une œuvre subtile que notre esprit a fabriquée à notre insu. Mais pour comprendre cette construction, il faut d'abord remonter aux racines.

La Peur de l'Échec : Une Matrice Complexe

Imaginez un enfant qui tend un dessin à ses parents. Si le regard qu'il reçoit est froid ou critique, il se grave dans sa mémoire comme un avertissement : *"Tu dois faire mieux."* La peur de l'échec commence souvent ainsi, comme une empreinte laissée dans l'argile encore tendre de notre cerveau.

- **Origines cachées :**
  Dès l'enfance, notre valeur a souvent été associée à nos performances. L'école, les regards parentaux, les remarques anodines s'accumulent et sculptent une peur : celle de ne pas être "assez bien".

- Construction dès l'enfance
- Influence des systèmes éducatifs et parentaux
- Traumatismes d'évaluations négatives

- **Effet   miroir   :**
  À chaque situation nouvelle, cette peur se réactive, comme un écho. Et pour l'étouffer, nous développons un réflexe : penser, repenser, tout anticiper. Mais paradoxalement, plus nous anticipons, plus nous sommes paralysés par les possibilités infinies d'échec.

- Anticipation permanente des conséquences négatives
- Surinvestissement mental comme mécanisme de protection
- Transformation de la peur en stratégie cognitive défensive

Le Besoin de Contrôle : L'Illusion.

Nous aimons croire que nous maîtrisons tout. Comme un joueur d'échecs, nous passons notre temps à prévoir chaque coup, chaque scénario. Mais en réalité, ce besoin de contrôle n'est qu'un écran de fumée pour masquer une peur plus profonde : celle de l'incertitude.

- **La   fausse   sécurité   des   scénarios   :**
  En imaginant toutes les issues possibles, nous essayons de dompter l'inconnu. Pourtant, ces scénarios ne nous protègent pas : ils nous enferment. Cela va se manifester par :

- Sentiment de vulnérabilité sous-jacent
- Recherche de prévisibilité comme refuge
- Anxiété générée par l'incertitude

- **Manifestation concrète :**

  - Planification **excessive voire** obsessionnelle.
  - Incapacité à lâcher prise : **Impossibilité d'accepter l'imprévisible**
  - Sentiment de panique face à l'imprévu.
  - **Scénarios hypothétiques multiples**

Ce besoin de contrôle est comme un mirage : plus on s'en approche, plus il s'éloigne, nous forçant à marcher toujours plus loin dans le désert de la surpensée.

Citation :

"Nous sommes ce que nous pensons. Tout ce que nous sommes résulte de nos pensées. Avec nos pensées, nous bâtissons notre monde."
— (Dhammapada, verset 1)
Bouddha enseigne que nos pensées sont à la base de notre existence. Une pensée répétée devient une croyance, qui se traduit en actions, puis façonne notre vie.
La surpensée agit comme un engrenage incontrôlé, créant un monde intérieur anxiogène.

Reprendre le contrôle de nos pensées revient à reprendre le contrôle de notre vie.

Ce verset du *Dhammapada* , recueil de paroles attribuées au Bouddha, exprime une vérité universelle : nos pensées façonnent notre réalité. En d'autres termes, ce que nous nourrissons dans notre esprit devient la fondation sur laquelle repose notre vie. Explorons cette idée plus en profondeur.

Les pensées ne sont pas de simples phénomènes éphémères ; elles sont à la fois le moteur et le miroir de notre existence. Ce que nous pensons influence :

- **Nos émotions** : Une pensée positive génère de la joie, tandis qu'une pensée négative peut provoquer de l'anxiété.
- **Nos actions** : Les pensées guident nos décisions, qui, à leur tour, façonnent notre parcours.

Cet enseignement bouddhiste nous rappelle que la véritable liberté réside dans notre capacité à choisir nos pensées, et par extension, la réalité que nous souhaitons habiter.

Le *Dhammapada* nous rappelle que nous sommes les architectes de notre existence. Nos pensées, bien qu'intangibles, ont un pouvoir immense : celui de construire ou de détruire. Cultiver des pensées positives et constructives, c'est poser chaque jour une pierre pour édifier une vie harmonieuse. Ainsi, en transformant notre monde intérieur, nous influençons également le monde extérieur, car notre vision rayonne sur tout ce que nous touchons.

La Technologie : Un Amplificateur Cognitif Complexe

Imaginez votre cerveau comme un ordinateur sophistiqué. Pendant des millénaires, il a opéré avec des "programmes" simples et efficaces, adaptés à un environnement où les priorités étaient claires : survivre, mémoriser, apprendre. L'avènement de l'ère numérique a radicalement transformé ce paysage mental.

Aujourd'hui, cet ordinateur biologique est connecté à un flux ininterrompu d'informations, saturé de notifications, de sollicitations et de distractions. Là où jadis régnait le silence propice à la réflexion, s'est installée une cacophonie permanente. Notre cerveau, cet outil conçu pour explorer en profondeur, se voit relégué à jongler frénétiquement avec une multitude de stimuli superficiels. Ce qui était autrefois un outil pour explorer et développer nos idées est devenu le terrain d'une bataille féroce : celle de l'économie de l'attention. Les géants de la technologie ne se contentent pas d'attirer votre regard, ils veulent le retenir, l'exploiter, et parfois même, le manipuler.

L'Économie Attentionnelle : Une Expropriation Mentale

Le livre "Civilisation Poisson Rouge" de Bruno Patino explore les conséquences de l'économie de l'attention met en lumière un concept saisissant : le dark design :

> "Dans sa version la plus agressive à l'encontre du libre arbitre, la conception des interfaces qui cherche à produire de la dépendance est appelée, presque cinématographiquement, dark design. Elle vise une forme de piratage du cerveau, le brain hacking."

Ce design obscur exploite nos mécanismes cérébraux pour capter notre attention de manière obsessionnelle :

- **Neurologiquement** , chaque interaction numérique déclenche une libération de dopamine, associée au plaisir et à la récompense.
- Mais cette récompense immédiate et fugace "court-circuite" les circuits de réflexion profonde.
- Résultat : un cerveau bombardé de distractions qui le poussent à sur-analyser sans jamais aboutir à une conclusion claire.

L'effet ?
Une surcharge cognitive permanente, où chaque réflexion devient un cycle infini de questions et d'incertitudes.

- **Santé mentale** : anxiété, dépression, perte de concentration.
- **Sociabilité** : isolement, remplacement des interactions réelles par des interactions virtuelles superficielles.
- **Distorsion de la réalité** : perception biaisée des autres et de soi-même, amplifiée par la comparaison constante.

En enfermant les utilisateurs dans une boucle addictive, ces pratiques contribuent à une "civilisation du poisson rouge", où la capacité de concentration dépasse rarement quelques secondes.

La Technologie : Un Miroir de Nos Inquiétudes

La technologie ne crée pas nos insécurités, elle les reflète et les amplifie. Chaque interaction numérique agit comme un projecteur, illuminant nos doutes et les rendant omniprésents.
Exemple :

- Une simple photo de vacances vue sur les réseaux sociaux peut déclencher une avalanche de comparaisons : *"Pourquoi ma vie ne ressemble-t-elle pas à* ça□?"
- Une absence de réactions à une publication devient une remise en question personnelle : *"Suis-je* inintéressant□?"

Dans ce contexte, chaque pensée banale peut devenir un scénario complexe de surpensée, alimenté par le flux incessant de données et d'interactions.

Quand la Technologie Exploite Notre Psychologie

L'addiction numérique est une réalité contemporaine troublante, où psychologie humaine et stratégies économiques s'entrelacent pour créer un piège invisible mais puissant. Comprendre ces mécanismes est essentiel pour s'en libérer et reprendre le contrôle de notre attention et de notre temps.

La Dynamique de la Récompense Aléatoire

Principe Fondamental

Le fonctionnement des plateformes comme Twitter, Facebook et Tinder repose sur un mécanisme de récompense aléatoire, similaire à celui des machines à sous. Le cerveau humain est particulièrement sensible aux stimuli imprévisibles. Lorsqu'une récompense n'est pas garantie mais potentiellement accessible, il entre dans un état d'hyper-vigilance et de motivation intense.

Exemple Concret :
- Sur Tinder, chaque nouvelle connexion représente un "jackpot" potentiel
- Sur YouTube, chaque recommandation peut être soit un contenu fascinant, soit un contenu banal
- Cette incertitude permanente devient le moteur de l'engagement

Les Biais Cognitifs Exploités

1. L'Effet Zeigarnik : L'Inachèvement Comme Levier

- **Mécanisme :** Notre cerveau déteste les tâches inachevées
- **Stratégie YouTube :** Autoplay automatique pour compléter "naturellement" le visionnage
- **Impact Psychologique :** Sensation de complétion forcée, réduction de l'autonomie décisionnelle

2. Le Principe du Choix Par Défaut : La Passivité Programmée

- **Objectif :** Minimiser l'effort cognitif de décision
- **Technique :** Recommandations automatiques, flux en continu
- **Conséquence :** L'utilisateur devient un spectateur passif de sa propre expérience numérique

3. Le Besoin de Validation Sociale : Le "Like" Comme Drogue Douce

- **Ressort Psychologique :** Besoin fondamental d'appartenance et de reconnaissance
- **Mécanisme :** Système de likes transformant l'interaction sociale en économie de l'attention
- **Effet :** Création d'une dépendance à la validation externe

4. La Peur de Manquer Quelque Chose (FoMO) : L'Anxiété Connectée

- **Origine :** Angoisse ancestrale d'exclusion du groupe
- **Manifestation Numérique :** Notifications permanentes, flux continus
- **Conséquence Psychologique :** Stress permanent, impossibilité de déconnexion.

Reprendre le Contrôle : Stratégies Anti-Surpensée

Face à cette surcharge cognitive, il est essentiel de mettre en place des pratiques conscientes et proactives.

- Créez des **zones de déconnexion** : des moments où les écrans sont volontairement mis de côté.

- **Observez vos réactions** : identifiez les situations où la technologie déclenche des pensées répétitives.
- Réorienter son Attention : **Désactivez les notifications** non essentielles pour réduire les interruptions.
- **Cultivez la mono-tâche** : concentrez-vous sur une seule activité à la fois pour réduire la dispersion mentale.
- Analysez vos habitudes numériques : quelles applications enrichissent votre vie☐? Lesquelles amplifient votre anxiété☐?
- Priorisez les interactions réelles et significatives plutôt que celles dictées par l'algorithme.

Chapitre 3 : L'Impact Multidimensionnel de la Surpensée

La surpensée, tel un tourbillon mental incessant, ne se contente pas de perturber l'esprit. Elle exerce une pression considérable sur l'ensemble de notre organisme, comparable à un moteur tournant à plein régime sans jamais avancer, consommant une énergie précieuse sans produire de mouvement utile.

Effets sur la Santé Mentale

La surpensée agit comme un puissant amplificateur de tensions psychiques, transformant des préoccupations ordinaires en véritables sources d'angoisse existentielle.

Anxiété Permanente

Chaque pensée, au lieu de s'éteindre naturellement, alimente une boucle qui semble impossible à briser. Ce phénomène engendre un état d'hypervigilance où le moindre stimulus devient une source potentielle de danger. Le cerveau, pris au piège de ses propres constructions mentales, se trouve incapable de se détendre et de retrouver un état de quiétude.

Insomnie Chronique

Le soir venu, lorsque le silence s'installe, la surpensée trouve son terrain de prédilection. Elle maintient l'esprit en éveil, rejouant inlassablement les scénarios de la journée ou anticipant anxieusement ceux du lendemain. Le sommeil, pourtant essentiel à l'équilibre psychique et physique, devient une bataille perdue d'avance, compromettant la récupération et l'intégration des expériences diurnes.

Stress Chronique

Chaque boucle mentale active la réponse physiologique au stress, déclenchant la libération d'hormones comme le cortisol. Si à court terme ce mécanisme prépare le corps à réagir face aux défis, sa sollicitation constante finit par épuiser le système nerveux, perturbant l'homéostasie et ouvrant la porte à divers troubles psychosomatiques.

Impact sur la Vie Quotidienne

Si la surpensée affecte profondément l'esprit, ses répercussions se font aussi sentir dans les actes les plus simples du quotidien, altérant significativement la qualité de vie.

Prise de Décision Paralysée

La prise de décision requiert de la clarté mentale. Or, la surpensée noie cette clarté dans un flot de scénarios contradictoires et d'analyses excessives. Chaque option est disséquée, évaluée sous tous les angles, puis souvent abandonnée au profit d'une indécision paralysante. Un choix apparemment anodin, comme la tenue vestimentaire ou le menu du jour, peut ainsi se transformer en une véritable épreuve mentale, consommant une énergie cognitive disproportionnée.

Productivité en Berne

En mobilisant une énergie mentale démesurée sur des détails souvent insignifiants, la surpensée paralyse l'action concrète. L'individu passe plus de temps à réfléchir qu'à agir, et les tâches s'accumulent inexorablement. Ce phénomène crée un cercle vicieux où la procrastination alimente encore davantage la surpensée, générant culpabilité et anxiété supplémentaires.

Une Spirale Descendante Insidieuse

En somme, la surpensée agit comme un parasite cognitif et émotionnel. Elle épuise les ressources mentales, génère un stress omniprésent et réduit drastiquement la capacité à fonctionner efficacement dans la vie quotidienne. Ce mécanisme, probablement utile à nos ancêtres pour anticiper les dangers, s'est transformé dans notre monde moderne en un fardeau qui limite notre bien-être, notre créativité et notre potentiel d'épanouissement.

Citation :

"Tu as le pouvoir sur ton esprit, pas sur les événements.
Réalise cela, et tu trouveras la force."
— (Pensées pour moi-même, Livre IV, 3)

Marc Aurèle, empereur et philosophe stoïcien, reflète l'essence même de la philosophie stoïcienne. Elle invite à une réflexion profonde sur la manière dont nous percevons et réagissons à la réalité. Marc Aurèle, rappelle que la véritable force réside dans la maîtrise de notre esprit, car c'est là que se joue notre perception de la réalité. Nous ne pouvons pas empêcher les difficultés, mais nous pouvons choisir la manière dont nous y répondons.

Le monde extérieur est imprévisible et souvent chaotique, mais notre esprit peut devenir un refuge de stabilité. Lorsque nous réalisons que les événements extérieurs ne peuvent pas, en eux-mêmes, nous nuire ou nous briser, nous découvrons une force intérieure inébranlable. Cette force réside dans notre capacité à donner un sens aux événements, à choisir des pensées constructives plutôt que destructrices. Accepter que nous n'avons pas de contrôle sur les événements est libérateur. Cela ne signifie pas la passivité, mais plutôt une focalisation sur ce que nous pouvons réellement changer : notre attitude. Par exemple :

- Une tempête survient. Vous ne pouvez pas arrêter le vent, mais vous pouvez construire un abri.
- Une critique vous blesse. Vous ne pouvez pas contrôler les paroles de l'autre, mais vous pouvez choisir de ne pas leur accorder de pouvoir sur votre estime de soi.

Cette posture mentale diminue l'activité de l' **amygdale** , le centre du stress, et favorise un état émotionnel plus calme et réfléchi.

Marc Aurèle utilise le terme "réalise cela" pour souligner que cette prise de conscience est une étape cruciale. Ce n'est pas une vérité à adopter aveuglément, mais une compréhension profonde à intégrer. Une fois que l'on réalise que tout pouvoir réside dans notre esprit, l'angoisse liée à l'incertitude du monde diminue.

Cette force intérieure est semblable à celle d'un arbre enraciné face à une tempête. Les branches peuvent plier, mais les racines restent fermement ancrées. En cultivant une vision stoïcienne, on devient cet arbre : ancré dans la raison et résilient face aux vents du destin.

Marc Aurèle nous enseigne que la véritable liberté ne réside pas dans le contrôle des circonstances, mais dans la maîtrise de soi. En dirigeant nos pensées avec sagesse, nous devenons les architectes de notre paix intérieure, indépendamment des tumultes extérieurs. Cette sagesse intemporelle nous rappelle que le pouvoir le plus précieux que nous possédons est celui que nous exerçons sur notre propre esprit.

Chapitre 4 : Décoder les Mécanismes Cérébraux de la Surpensée

La Neurobiologie de la Rumination

Comprendre la surpensée commence par un changement de perspective : Bernard, docteur en neurosciences, guide ici un patient dans cette prise de conscience essentielle.

Bernard, docteur en neurosciences

Alors, qu'est-ce qui se passe dans votre tête quand vous êtes seul ou après une journée chargée□?

Patient

(croisant les bras, un peu gêné) : Eh bien... je réfléchis à tout, tout le temps. Je repasse les conversations, je m'inquiète de ce que les autres ont pensé, et si j'ai un truc important à faire, j'imagine toutes les façons dont ça pourrait mal tourner.

Bernard

(avec bienveillance) : Et est-ce que ça vous aide à trouver des solutions □?

Patient

(soupire) : Ça me fatigue. J'ai l'impression de toujours tourner en rond.

Bernard

(hoche la tête) : Ce n'est pas vous mais votre cerveau ...
Patient
Comment ça, mon cerveau ?
Bernard :
Vous n'êtes pas votre cerveau. Avez-vous déjà fait cette différence ? Vous savez, votre cerveau, c'est un organe, comme votre estomac.
Patient
(fronce les sourcils) : Mon estomac□?

Bernard

(souriant légèrement) : Oui, exactement. Vous ne pensez pas à votre estomac, sauf s'il a un problème, comme une douleur ou un gargouillement. Le cerveau, c'est pareil. Quand il fonctionne bien, il passe inaperçu. Mais quand il commence à surchauffer, comme avec ces pensées répétitives, vous ne pouvez plus l'ignorer.

Patient

(réfléchissant) : Et pourquoi □ ?

Bernard

Ce que vous décrivez, ce n'est pas un défaut. C'est un mécanisme de survie sophistiqué, mais inadapté à notre monde moderne.
Patient Comment ça ?
Bernard Notre cerveau a été programmé par des millions d'années d'évolution pour détecter le danger. Autrefois, ces ruminations pouvaient littéralement sauver une vie. Imaginez nos ancêtres chasseurs : celui qui ressassait la position du prédateur avait plus de chances de survivre. Mais aujourd'hui, nos "dangers" ne sont plus des tigres ou des serpents. Ce sont des e-mails non lus, des conversations un peu tendues, ou des décisions complexes.

Patient

(avec une pointe de doute) : OK, mais qu'est-ce que je fais avec ça □ ? Comment j'arrête cette alarme qui sonne tout le temps □ ?

Bernard

(avec un sourire rassurant) : La première étape, c'est de réaliser que vous n'êtes pas vos pensées. Quand vous sentez que la boucle démarre, dites-vous : "C'est mon cerveau qui s'emballe. Ce n'est pas moi." Vous prenez une distance. Notre système d'alarme interne n'a pas encore compris que le danger a changé. Un email stressant ou une réunion difficile ne menacent pas notre survie physique, mais notre cerveau réagit comme si c'était le cas.

Patient : Donc je ne suis pas... anormal ?

Bernard *(souriant)* : Loin de là. Vous êtes parfaitement normal. Votre cerveau fait simplement son travail avec les outils qu'il connaît. Le défi, c'est d'apprendre à le guider différemment.

Patient

(légèrement amusé) : Alors, je devrais dire à mon cerveau : "Calme-toi, vieux. C'est bon, y a pas de danger."

Bernard

(en riant doucement) : Exactement.

Patient Comment ?

Bernard En développant ce que j'appelle une "conscience métacognitive". C'est la capacité de regarder ses pensées comme des événements, pas comme la réalité absolue. "Je remarque que je suis en train de ruminer" plutôt que "Je suis mes ruminations".

Patient *(un léger sourire)* : Un peu comme observer un film sans s'y perdre complètement ?

Bernard *(ravi)* : Exactement ! Vous n'êtes pas le film, vous êtes le spectateur. Et le spectateur a le pouvoir de changer de chaîne.

Un cerveau en boucle

Les pensées répétitives, ou ruminations, sont produites par une interaction complexe entre différentes régions et circuits du cerveau. Ces pensées ne naissent pas par hasard : elles sont le résultat de mécanismes neurologiques qui, bien que conçus pour nous protéger ou nous aider, peuvent parfois devenir incontrôlables. La rumination mentale ressemble à un disque rayé, qui répète inlassablement le même motif. Cependant, contrairement à un simple défaut mécanique, ce phénomène complexe repose sur des mécanismes neurologiques profonds qui nous permettent de mieux comprendre les rouages de notre esprit.

À travers cette exploration, nous verrons comment certaines régions de notre cerveau sont activées par la rumination, et pourquoi il est crucial d'en prendre conscience pour mieux y faire face.

Les Architectes Neuronaux de la Rumination

Réseaux Cérébraux Spécialisés

Des recherches récentes ont mis en évidence trois principaux réseaux neuronaux impliqués dans la rumination. Chacun d'eux joue un rôle particulier dans le maintien et l'intensification de ce phénomène. Quand on rumine, plusieurs parties de notre cerveau se mettent en action. Il y a trois grands réseaux qui sont responsables de ce phénomène.

Le Réseau du Mode Par Défaut (Default Mode Network -
DMN)

Qu'est-ce que c'est ?
C'est un réseau cérébral qui s'active lorsque vous n'êtes pas
focalisé sur une tâche précise, par exemple quand vous
rêvassez ou pensez à votre journée. Normalement Il permet
de réfléchir à soi-même, à ses souvenirs et à ses projets.
Si ce réseau devient hyperactif, il peut entraîner des pensées
envahissantes, souvent centrées sur les erreurs passées ou
les inquiétudes futures.
Comment il contribue aux pensées répétitives :

- Ce réseau s'active quand on pense à soi-même,
  à son passé, à son avenir. C'est ce qui nous fait
  nous perdre dans nos pensées, souvent quand
  on n'a pas de distractions externes.
- C'est comme si notre cerveau commençait à se
  raconter des histoires sans fin, sans vraiment
  nous aider à avancer.

Le Réseau de Saillance

Qu'est-ce que c'est ?
Ce réseau filtre et hiérarchise les informations perçues
comme importantes ou menaçantes.
Comment il agit dans la rumination :

- Il amplifie les pensées liées à des émotions fortes,
  notamment la peur ou l'anxiété.
- Résultat : les stimuli négatifs ou menaçants deviennent
  prédominants, même s'ils ne sont pas réellement
  urgents.

- Ce réseau capte les informations émotionnelles et décide ce qui mérite qu'on y prête attention. Quand on est anxieux, ce réseau amplifie tout ce qui peut sembler menaçant.

En gros, il met en surbrillance tout ce qui pourrait nous stresser, et on se retrouve à tourner en rond sur ces pensées.

Le Réseau de Régulation Cognitive -Le Cortex Préfrontal

Qu'est-ce que c'est ?
C'est la partie du cerveau responsable de la planification, du raisonnement et du contrôle des pensées. C'est cette partie de notre cerveau qui nous aide à garder le contrôle. Elle modère nos pensées et émotions, mais quand on est sous stress, elle devient moins efficace.

1. **Son rôle dans les pensées répétitives :**

   - **Lorsqu'il est surchargé (par le stress ou la fatigue), il perd en efficacité. Cela limite la capacité à "éteindre" les pensées répétitives.**
   - Si tu as déjà essayé de calmer ton esprit pendant une période stressante, tu sais que c'est plus facile à dire qu'à faire !

La chimie des pensée et le rôle des neurotransmetteurs

a. La Dopamine

- **Qu'est-ce qu'elle fait ?**

- Associée à la motivation et à la récompense.

- **Lien avec la rumination :**

    - Un déséquilibre de dopamine peut pousser à chercher des "solutions" sans fin, même lorsque celles-ci sont hors de portée.

b. La Sérotonine

- **Qu'est-ce qu'elle fait ?**

    - Associée à la régulation des humeurs.

- **Lien avec la rumination :**

    - Une baisse de sérotonine peut augmenter les pensées négatives et la difficulté à se détacher des événements stressants.

c. Le Cortisol

- **Qu'est-ce qu'il fait ?**

    - Hormone liée au stress, qui prépare le corps à réagir à un danger.

- **Lien avec la rumination :**

- Un niveau élevé de cortisol maintient l'amygdale (le centre de la peur) en alerte. Cela peut enclencher une boucle de pensées anxieuses et répétitives.

Un Mécanisme de Survie

Notre cerveau est conçu pour anticiper les dangers. En répétant une pensée, il essaie de "trouver une solution pour éviter un problème futur.

Le Biais de Négativité

Nous sommes biologiquement câblés pour donner plus de poids aux expériences négatives qu'aux positives. Ce biais nous pousse à repasser en boucle des pensées négatives, même lorsqu'elles ne sont pas utiles.

L'Absence de Clôture Mentale

1. Lorsqu'un problème reste non résolu, le cerveau le considère comme "en attente".Il continue donc d'y revenir, espérant trouver une réponse.

Entre 18 et 22 ans, notre cerveau subit des changements importants, notamment dans la région qui gère nos émotions et nos pensées rationnelles (le cortex préfrontal). Pendant cette période charnière de développement cérébral, plusieurs changements importants ont lieu : C'est une période où on devient plus mature émotionnellement. On commence à avoir plus de contrôle sur nos pensées et à mieux gérer nos émotions.

Ce qui change :

- Moins de pensées impulsives.
- Une capacité à structurer nos réflexions.
- Une meilleure gestion du stress et des émotions négatives.

Ces évolutions permettent un meilleur contrôle de nos pensées et une gestion plus efficace du stress et de l'anxiété.

Cartographie des Impacts Neurologiques

Symptômes et Circuits Neuronaux

Ruminations Anxieuses

Les ruminations liées à l'anxiété activent plusieurs circuits neuronaux : Amygdale (le centre des émotions) ,Hippocampe (qui gère les souvenirs). et Cortex cingulaire antérieur. Ce sont ces zones de notre cerveau qui sont les plus actives.

- **Conséquences** :

    - On devient hyper vigilant, toujours sur le qui-vive.
    - On anticipe constamment le pire.
    - On interprète tout de manière négative, comme si tout pouvait mal tourner.

Ces symptômes sont liés à une activité excessive dans les zones cérébrales associées à la gestion du stress et des émotions négatives.

Ruminations Dépressives

Les pensées dépressives sont alimentées par d'autres circuits neuronaux. Là, c'est davantage le cortex préfrontal ventromédian qui est en jeu, et il rend difficile d'avoir une vision positive de soi-même ou de ses actions.

- **Effets ressentis** :

    - On rumine sans fin sur nos échecs passés.
    - On se concentre difficilement sur d'autres choses.
    - On se sent de plus en plus pessimiste.

- **Circuits activés** :

- Noyau thalamique
- Cortex préfrontal ventromédian
- Faisceau de connexions limbiques

Ces schémas de pensée sont souvent renforcés par des connexions cérébrales qui maintiennent un cycle de pensées négatives difficiles à briser

Pourquoi on a du mal à s'en sortir

1. **Nos ressources mentales sont épuisées**
   La rumination prend beaucoup d'énergie. La rumination consomme jusqu'à 30 à 40% des capacités attentionnelles, réduisant ainsi l'efficacité cognitive et la capacité de résolution de problèmes. Elle monopolise les circuits neuronaux, limitant la capacité à se concentrer sur d'autres tâches.
2. **Les pensées négatives prennent le dessus**
   Notre cerveau sélectionne d'abord les informations négatives, ce qui renforce les schémas de pensée pessimistes. La rumination crée un biais dans le traitement de l'information, où les stimuli négatifs sont préférentiellement sélectionnés. Ce mécanisme renforce les schémas de pensée pessimistes et aggrave la perception négative de soi et du monde.
3. **On commence à mal interpréter les choses**
   Les circuits de traitement émotionnel deviennent altérés par la rumination, rendant la personne plus susceptible de percevoir les situations de manière défavorable. Cette modification des seuils de perception peut amplifier la souffrance émotionnelle. Nos perceptions sont modifiées. On a tendance à voir

les situations sous un jour négatif, même si ce n'est pas justifié.

Comment casser le Cycle ?

Nos neurones ne sont pas notre destin, mais notre point de départ

Notre esprit, aussi puissant soit-il, ne peut activer pleinement qu'un réseau à la fois. Cette limitation est une clé précieuse pour briser le cercle vicieux de la surpensée.

Activer d'Autres Réseaux : Le Pouvoir de l'Action

Imaginez votre cerveau comme une pièce éclairée par différentes lampes. Lorsque l'une brille intensément, les autres s'éteignent ou s'atténuent. Le réseau du mode par défaut (DMN), souvent associé aux pensées introspectives et répétitives, peut être "désactivé" en allumant d'autres réseaux. Marche, sport, tâches manuelles : ces activités simples mais engageantes réorientent notre énergie mentale. Chaque pas, chaque geste, chaque muscle en mouvement détourne le flux incessant des pensées et ancre l'esprit dans le présent.

Transformer son Cerveau : La Magie de la Neuroplasticité

Le cerveau est une œuvre en perpétuel chantier. Grâce à sa neuroplasticité, il peut réorganiser ses connexions, remodelant les schémas mentaux qui alimentent nos ruminations. Quelques minutes à synchroniser souffle et esprit suffisent souvent à créer un espace de calme au milieu du tumulte. Ces pratiques ne sont pas des solutions miraculeuses, mais des outils concrets pour "re-câbler" nos circuits neuronaux. Avec de la régularité, elles transforment l'esprit en un terrain fertile pour la sérénité et la maîtrise de soi.

Conscience et Transformation : La Science comme Boussole

Plonger dans les mécanismes cérébraux de la rumination, ce n'est pas seulement une quête intellectuelle. C'est une invitation à reprendre les rênes de son esprit. Comprendre que nos pensées ne sont pas des tyrans, mais des courants que l'on peut rediriger, ouvre une perspective libératrice.
La transformation ne commence pas par de grands bouleversements, mais par des petits gestes, répétés chaque jour. En cultivant une meilleure conscience de ces processus et en pratiquant des techniques adaptées, il devient possible de reprendre le contrôle de nos pensées, de s'alléger des poids inutiles, et de renouer avec un esprit plus apaisé, capable de savourer l'instant présent.
Comme un explorateur cartographiant des terres inconnues, vous pouvez vous aventurer dans les méandres de votre esprit. Non pas pour vous y perdre, mais pour y construire un refuge serein, un espace où la surpensée s'efface pour laisser place à une clarté retrouvée.

Citation

"Pourquoi restes-tu prisonnier alors que la porte est grande ouverte□?"
— (Mathnawî)
 Rûmi (Poète soufi)

Cette phrase poétique et profonde de Rûmi, maître soufi et mystique persan, évoque une vérité universelle sur la condition humaine : nous nous enfermons souvent dans des chaînes imaginaires, oubliant que la liberté est toujours à portée de main. Analysons cette réflexion à travers plusieurs dimensions : spirituelle, psychologique et philosophique.

Rûmi fait référence à une **prison que nous créons nous-mêmes** : nos peurs, croyances limitantes, et attachements. Ces entraves ne sont pas imposées de l'extérieur, mais maintenues par notre propre esprit.

- **Les peurs** : Nous redoutons l'inconnu et préférons la sécurité d'une situation familière, même inconfortable.
- **Les jugements** : Nous nous emprisonnons dans des pensées rigides sur nous-mêmes ou sur les autres, incapables de voir au-delà.
- **Les attachements** : Nous nous accrochons à des biens matériels, des relations ou des idées qui, paradoxalement, nous enferment.

La question de Rûmi est une invitation : pourquoi choisir l'illusion de l'enfermement quand la liberté est accessible ? Cette réflexion nous pousse à examiner nos propres prisons intérieures et à reconnaître que nous avons le pouvoir de les quitter.

Au-delà des mots, cette idée résonne avec une vérité spirituelle et universelle : la véritable liberté ne dépend pas des circonstances extérieures, mais de notre capacité à transcender nos limites mentales. Comme le dit également Rûmi :

"Vous n'êtes pas une goutte dans l'océan, vous êtes l'océan dans une goutte.

Partie 2 : Se libérer de la spirale mentale

Chapitre 4 : Les Pensées Ne Sont Pas des Faits

Une Vision Libératrice de l'Esprit

Imaginez votre esprit comme un immense ciel, vaste et changeant. Les pensées qui le traversent sont des nuages : certaines sont légères et éphémères, d'autres sombres et menaçantes. Pourtant, qu'elles soient belles ou terrifiantes, elles ne font que passer. Alors pourquoi leur donnons-nous parfois le pouvoir de définir notre réalité ?

Le Pouvoir Tyrannique des Pensées

Notre mental est une fabrique inépuisable de récits. Il construit des scénarios, ressasse des souvenirs et projette des peurs dans l'avenir. Ces histoires, bien que fictives, peuvent devenir des geôliers invisibles :

- Les pensées catastrophiques nous immobilisent.
- Les ruminations sur le passé nous emprisonnent dans un temps révolu.

- Les anticipations anxieuses brouillent les joies du présent.
- Les jugements sévères envers nous-mêmes sapent notre confiance.

En laissant ces pensées diriger notre vie, nous devenons les otages d'un théâtre intérieur qui tourne en boucle, incapable de nous libérer de ses illusions.

Observer les Pensées : Un Art Subtil

La Métaphore de la Rivière

Imaginez-vous au bord d'une rivière. Chaque pensée est une feuille flottant à la surface. Vous pouvez choisir de l'observer passer sans la saisir, ni la repousser. En restant un simple spectateur, vous désamorcez son pouvoir. Accepter une pensée ne signifie pas s'y soumettre. C'est reconnaître son existence sans lui donner le trône. Comme on accueille un invité indésirable pour mieux le laisser repartir.

Techniques d'Éveil Mental
Étape 1 : Identification:

Notez la pensée telle qu'elle se présente
Exemple : "Je ne réussirai jamais"
Prenez conscience de vos pensées comme d'un phénomène extérieur :
Remplacez "Je suis un échec" par "Je remarque que j'ai la pensée que je suis un échec".
Cette distanciation vous rappelle que vous n'êtes pas votre pensée. Vous êtes celui qui l'observe.

Étape 2 : Analyse objective

- Demandez-vous : "Quelles preuves concrètes ai-je de cette affirmation ?" **(Je Remarque)**
- Donnez un nom à vos pensées : "jugement", "peur", "souvenir". Ce simple étiquetage agit comme un sortilège qui brise leur emprise (**Nommer pour Dompter)**
- Recherchez des faits, pas des interprétations
- Distinguez les pensées des événements réels

Étape 3 : Reformulation bienveillante

- Transformez la pensée négative en perspective constructive
- "Je n'ai pas réussi cette fois" plutôt que "Je ne réussirai jamais".

Face à une pensée perturbante, armez-vous d'un stylo :

1. Notez-là précisément : "Je ne réussirai jamais".
2. Étiquette : Jugement ? Peur ? Ou souvenir ?
3. Analysez-la : *Quels faits appuient cette idée ? Quels faits la contredisent ?*
4. Reformulez-la : "Je n'ai pas réussi *pour l'instant* , mais je progresse" (Perspective alternative)

Autre exemple :

1. Je suis nul.
2. Étiquette : Jugement ? Peur ? Souvenir ?
3. Analysez-la : Quels faits appuient cette idée ? Quels faits la contredisent ?
4. Reformulation : Je suis en apprentissage. (Perspective alternative)

Le papier devient alors un terrain de bataille où les croyances limitantes s'effondrent sous le poids de la réalité.

Point clé : Vous n'êtes pas vos pensées. Vous êtes la conscience qui les observe.

Vos pensées ne sont que des fragments, des ombres projetées sur l'écran de votre conscience. Vous n'êtes pas ce flot de pensées, mais l'océan profond qui les contient. En apprenant à observer plutôt qu'à croire, à questionner plutôt qu'à subir, vous reprenez le contrôle de votre monde intérieur. Ce n'est pas un combat contre vos pensées, mais un apprentissage de la coexistence. Alors, qu'attendez-vous pour devenir l'architecte de votre esprit ? Laissez les nuages passer, contemplez la rivière, et souvenez-vous : derrière l'agitation, le ciel reste toujours vaste, lumineux et immuable.

Chapitre 5 : Reprendre le contrôle de son esprit

Notre esprit est un jardin mystérieux, foisonnant de vie et d'opportunités. Chaque pensée qui y germe peut être une fleur lumineuse, porteuse d'espoir et d'inspiration, ou une ronce, envahissante et étouffante. Mais ce n'est pas un combat entre le bien et le mal, entre fleurs et mauvaises herbes. C'est une danse subtile d'équilibre.

Plutôt que de chercher à arracher chaque pensée négative, ce qui ne ferait qu'épuiser le jardinier que nous sommes, l'objectif est de cultiver une relation harmonieuse avec ce qui pousse. Les mauvaises herbes ont leur raison d'être : elles nous montrent où le terrain a besoin d'attention et de soin.

Apprendre à jardiner son esprit, c'est accepter qu'il y aura toujours des zones sauvages. C'est choisir de nourrir ce qui fait éclore notre bien-être tout en apprenant à gérer avec douceur les éléments plus sombres. C'est une œuvre de patience, d'intelligence et de bienveillance envers soi-même, pour que notre jardin mental devienne un refuge où il fait bon vivre.

Notre esprit s'apparente à l'univers fascinant d u film **Inception** ". Chaque pensée est une graine plantée dans les profondeurs de notre subconscient, parfois à notre insu. Certaines idées s'enracinent si profondément qu'elles deviennent des "totems" intérieurs, façonnent notre perception du monde et influençant nos décisions À l'instar de Cobb et son équipe, qui naviguent dans les méandres des rêves pour implanter ou extraire des idées, nous avons la capacité d'explorer nos propres pensées. La clé réside dans l'apprentissage de la reconnaissance des pensées imposées, qui prolifèrent telles des projections créées par nos peurs ou nos doutes. En prenant conscience de leur nature, nous pouvons, comme les architectes du film, réorganiser notre "paysage mental". Il ne s'agit pas de fuir nos pensées négatives, mais de leur donner un cadre, une structure qui nous permet de choisir quelles idées nourrir et lesquelles laisser s'estomper.

Ce voyage intérieur exige courage et discernement. En devenant l'architecte de notre propre esprit, nous pouvons transformer notre jardin intérieur en un espace de créativité et de sérénité, où même les ombres, ont leur rôle à jouer dans notre croissance personnelle.

Identifier les pensées inutiles ou négatives

Les types de pensées parasites

Notre esprit, à la manière d'un navigateur, peut parfois perdre son cap et dériver vers des récifs de pensées parasites. Ces schémas récurrents nous éloignent de la sérénité et amplifient nos insécurités. Voici une exploration des principaux types de pensées nuisibles, afin de mieux les identifier et les comprendre.

Pensées ruminatives

Les pensées ruminatives agissent comme une boucle sans fin, où l'esprit revisite inlassablement des souvenirs douloureux.

- Ressassement constant des échecs passés. Revivre mentalement des situations désagréables
- Scénarios négatifs imaginaires. Créer des histoires pessimistes sans fondement réel
- Autocritiques destructrices. Dialogue intérieur excessivement sévère

Pensées catastrophiques

Les pensées catastrophiques s'invitent dans l'avenir pour y peindre les pires scénarios possibles. Tel un cinéaste dramatique, ces pensées écrivent des scénarios effrayants qui finissent par nous paralyser.

- "Et si..." permanents orientés vers le futur. Imaginer constamment les pires scénarios possibles
- Anticipation exagérée des conséquences négatives. Amplifier l'impact potentiel des problèmes
- Projection anxieuse dans le futur. Vivre dans une appréhension constante.

Pensées de comparaison

Quand l'esprit se tourne vers autrui, il crée souvent un prisme biaisé qui nous fait apparaître comme insuffisants. Ces pensées transforment la diversité humaine en une compétition inutile et épuisante.

- **La comparaison incessante** : Une focalisation excessive sur les réussites des autres, alimentant un sentiment de vide personnel.
- **Le sentiment d'infériorité** : Une croyance irrationnelle en notre moindre valeur, basée sur des perceptions souvent erronées.
- **La dévalorisation systématique** : Une incapacité à reconnaître nos propres forces et succès, comme si nos accomplissements étaient invisibles.

Pensées de perfectionnisme

Le perfectionnisme, loin d'être un atout, peut devenir une cage dorée aux barreaux invisibles.

- Exigences irréalistes envers soi-même
- Peur paralysante de l'échec
- Difficulté à accepter l'imperfection

Pensées de généralisation excessive

Ces pensées simplifient à outrance une réalité pourtant complexe, nous enfermant dans des jugements hâtifs. Ces pensées sont comme des lunettes déformantes : elles transforment une petite tâche en une ombre gigantesque.

- Tirer des conclusions globales à partir d'un seul événement. Un échec devient la preuve d'une incapacité totale.
- Utilisation fréquente de termes comme "toujours", "jamais", "tout le monde". Ces absolus figent la réalité dans une vision rigide et souvent inexacte.
- Tendance à voir les choses en noir ou blanc, sans nuances. L'absence de nuances transforme le monde en un terrain de polarités extrêmes.

Méthode : "STOP" (Stopper, Transformer, Observer, Progresser) - Un outil puissant de transformation cognitive.

La méthode STOP est un outil puissant, presque alchimique, pour transformer le plomb des pensées négatives en or de perspectives constructives. Elle repose sur quatre piliers simples mais profondément efficaces : **Stopper, Transformer, Observer, Progresser** .

La méthode STOP agit comme un catalyseur, permettant de :
1. Interrompre rapidement le flux des pensées négatives
2. Réorienter activement l'attention vers des perspectives plus positives
3. Développer une conscience accrue de ses processus mentaux
4. Initier des actions concrètes alignées avec les nouvelles cognitions

Cette approche structurée facilite ainsi une transformation cognitive durable, en créant un pont entre la prise de conscience et l'action concrète, essentiel pour un changement comportemental effectif. Voici comment la mettre en pratique pour reprendre le contrôle de votre univers mental.

S - Stopper - Technique d'interruption

- Dès qu'une pensée négative émerge, créez un signal d'arrêt
- Méthodes possibles :

  - Dire mentalement "STOP"
  - Porter un bracelet élastique et le faire claquer légèrement
  - Visualiser un grand panneau STOP rouge.

Imaginez une roue lancée à pleine vitesse. La première étape consiste à poser un frein immédiat, à interrompre le flot de pensées avant qu'il ne prenne trop d'élan. C'est une manière simple mais redoutablement efficace de désamorcer le cycle automatique des pensées.

T - Transformer - Réorientation positive

- Remplacer la pensée négative par une perspective constructive
- Exemples :

    - "Je vais échouer" → "C'est une opportunité d'apprentissage"
    - "Je ne suis pas à la hauteur" → "Je suis en progression"

Une fois la pensée arrêtée, il s'agit de la transmuter, de la remodeler en quelque chose de constructif. C'est là que réside la clé de la transformation. Cette étape demande un peu de créativité et une bonne dose de bienveillance envers vous-même. Chaque pensée négative peut devenir une graine de changement positif si elle est réinterprétée avec soin.

O - Observer - Posture de témoin bienveillant

- Regarder la pensée sans jugement
- Se demander : "D'où vient cette pensée ?" (cf. partie 1 du livre)
- Analyser ses mécanismes sans s'y identifier

Prenez un pas de recul, comme un naturaliste qui observe la faune sauvage. Devenez l'observateur neutre de vos propres pensées. L'objectif n'est pas de juger vos pensées, mais de comprendre leurs mécanismes. En prenant ce recul, vous vous désidentifiez d'elles. Vous êtes bien plus que vos pensées.

P - Progresser - Passage à l'action

La dernière étape est celle du mouvement. Une pensée transformée trouve sa véritable puissance lorsqu'elle s'incarne dans une action, même minime.

- Fixez-vous un micro-objectif : un petit pas symbolique qui va dans la direction opposée à la pensée négative.
- Notez vos progrès, même les plus infimes, et célébrez-les. La progression, aussi minime soit-elle, crée un élan positif irrésistible.

En pratiquant STOP, vous transformez ce qui semblait être une spirale infernale en un processus structuré de libération et de croissance. Vous n'êtes plus à la merci de vos pensées : vous en devenez l'architecte et le metteur en scène. Chaque fois que vous utilisez cette méthode, vous envoyez un message clair à votre esprit : "Je suis aux commandes." Avec le temps, cette maîtrise deviendra une seconde nature, et votre mental cessera d'être un tyran pour devenir votre plus grand allié. En pratiquant régulièrement cette méthode, on peut réduire la dissonance cognitive en favorisant le changement de comportement. Cela permet de renforcer l'efficacité du "switch mental", en transformant délibérément les pensées négatives en pensées positives et constructives.

Citation

"Ainsi donc, ne vous inquiétez pas du lendemain; car le lendemain aura soin de lui-même. À chaque jour suffit sa peine."
— (Matthieu 6:34)

Jésus enseigne à vivre dans le présent et à ne pas laisser le futur envahir l'esprit.

Cette sagesse chrétienne rejoint des principes modernes de psychologie qui conseillent de réduire la rumination mentale et de se concentrer sur l'ici et maintenant. Il a été démontré que les personnes qui réussissent à se détacher des inquiétudes concernant l'avenir ont moins de stress et une meilleure qualité de vie. La pleine conscience, par exemple, repose sur cette idée de vivre le moment présent sans jugement, ce qui aide à apaiser l'anxiété.

En somme, cette citation nous invite à adopter une approche plus détachée de l'incertitude de l'avenir, à apprécier chaque jour pour ce qu'il est, et à faire face à ses défis au fur et à mesure qu'ils se présentent. Elle nous aide à nous rappeler que notre énergie et notre attention sont mieux utilisées dans l'instant présent, et que l'avenir se construira à travers nos actions présentes, sans être alourdi par des préoccupations excessives.

Chapitre 6: Techniques de résilience cognitive : Un voyage vers un esprit plus fort

Notre cerveau, tel un musicien jouant sur des cordes sensibles, peut parfois s'égarer dans des mélodies dissonantes de pensées négatives. Les techniques de résilience cognitive agissent comme un diapason, nous aidant à réharmoniser notre esprit face aux défis. Voici trois outils puissants pour renforcer votre capacité à naviguer dans les turbulences mentales.

Ancrage positif : Cultiver la lumière intérieure

Imaginez une mer agitée, ses vagues tumultueuses représentant vos pensées troublées. L'ancrage positif vous invite à mobiliser vos ressources intérieures comme un phare qui illumine les zones d'ombre de votre esprit. Visualisez un beau soleil qui, progressivement, apaise la surface maritime de vos émotions, transformant cette mer agitée en un paysage serein et apaisant...

Concentrez-vous sur :

- **Un souvenir de réussite** : Revivez mentalement une victoire, petite ou grande, qui vous rappelle votre capacité à surmonter les épreuves.
- **Une qualité personnelle** : Mettez en avant un trait de caractère que vous admirez chez vous, comme la persévérance ou la créativité.
- **Une compétence maîtrisée** : Rappelez-vous d'une aptitude que vous avez développée, comme une langue apprise ou un sport pratiqué avec constance.

C'est comme planter des graines de confiance dans le jardin de votre esprit : elles poussent et repoussent les mauvaises herbes du doute.

Respiration consciente : L'art de calmer les vagues mentales

La respiration carrée, inspirée des techniques de pleine conscience, est un outil simple mais redoutablement efficace pour apaiser l'esprit. Voici comment la pratiquer :

1. **Inspirez** profondément en comptant jusqu'à 4.

2. **Retenez votre souffle** pendant 4 secondes.
3. **Expirez** lentement sur 4 secondes.
4. **Faites une pause** de 4 secondes avant de recommencer.

Répétez ce cycle 3 à 5 fois, comme si vous dessiniez un carré parfait avec votre souffle. Cette pratique agit comme un interrupteur biologique, rétablissant l'équilibre du système nerveux et apportant une clarté apaisante.

Distanciation métacognitive : Observer sans s'attacher

Imaginez vos pensées comme des passants dans une gare : certains attirent votre attention, mais aucun ne vous oblige à le suivre. La distanciation métacognitive vous apprend à devenir un observateur bienveillant de vos propres pensées.

- **Répétez-vous** : "Ce n'est qu'une pensée, pas une réalité."
- **Visualisez** vos pensées comme des nuages flottant dans le ciel : elles apparaissent, dérivent, puis disparaissent.

Cette technique libère votre esprit du poids des jugements automatiques, vous permettant de naviguer dans vos pensées avec curiosité et détachement.

La science au service de la résilience

Ces techniques, issues des thérapies cognitivo-comportementales (TCC), s'appuient sur les principes de la neuroplasticité : la capacité du cerveau à se remodeler et à créer de nouvelles connexions neuronales. En les pratiquant régulièrement, vous :

- **Renforcez votre cortex préfrontal** , responsable de la régulation émotionnelle.
- **Diminue l'activité de l'amygdale** , le centre d'alerte du cerveau lié au stress.

Avec le temps, ces exercices deviennent des habitudes, et ces habitudes transforment votre relation avec vos pensées.

Une boussole intérieure pour affronter la tempête

En intégrant l'ancrage positif, la respiration consciente et la distanciation métacognitive dans votre quotidien, vous développez une résilience cognitive solide, capable de résister aux pressions extérieures. Ces pratiques, combinées à la pleine conscience et à une attitude bienveillante envers vous-même, transforment chaque défi en une opportunité de croissance.
Vous devenez alors un navigateur expérimenté, guidant votre esprit vers des eaux plus calmes, prêt à affronter et à transcender les tempêtes de la vie.

Citation
"Ne faiblissez pas et ne soyez pas tristes, alors que vous êtes supérieurs,   si   vous   êtes   croyants."
— Coran *(Sourate Al-Imran, 3:139)*

Partie 3 : Construire un mental résilient

Chapitre 7 : Cultiver des habitudes apaisantes

Routines : Le socle de la sérénité

Imaginez que chaque matin est une page blanche. Avant que le tumulte du quotidien ne vienne gribouiller des tâches et des obligations, vous avez l'opportunité d'y peindre votre propre harmonie. Une routine matinale bien conçue, ce n'est pas juste une série de gestes anodins, c'est un **rituel alchimique** , une rencontre intime avec soi-même.
L'ancrage de l'esprit

- **3, 4 voire 10 minutes de méditation** : Prenez quelques instants pour fermer les yeux. Respirez. Imaginez vos pensées comme des feuilles emportées par un ruisseau. Pas besoin de les retenir ni de les suivre : elles passent, et vous restez. Ce silence intérieur devient votre pierre angulaire, une source inépuisable de clarté avant l'agitation du monde. Cette pratique développe la conscience de soi et réduit le stress avant même que la journée ne commence.

Le journaling : l'atelier du mental

- Posez vos pensées sur le papier (une note iphone), sans filtre. Gratitudes, idées floues ou intentions lumineuses, tout a sa place. Écrire, c'est organiser votre chaos intérieur, donner une forme à l'invisible et laisser émerger une version plus apaisée de vous-même. L'écriture matinale est un puissant outil de clarification mentale. Notez vos réflexions, vos gratitudes, vos intentions du jour. Ce processus permet de déposer vos pensées sur le papier, créant un espace intérieur plus libre et plus léger.

La visualisation : l'art de sculpter sa journée

- La visualisation : Voyez-vous avancer dans votre journée avec aisance et sérénité. Vous franchissez les obstacles avec grâce, vous créez des moments de joie. Ce simple exercice n'est pas qu'un fantasme : il oriente subtilement votre esprit vers des solutions plutôt que des blocages. Cette pratique programme positivement votre mental et active des ressources internes constructives.

Le soin du corps : un hommage à l'enveloppe physique

- Se souvenir de son corps : Intégrez une routine beauté simple mais efficace à votre rituel matinal. Nettoyez, tonifiez et hydratez votre peau pour la préparer à affronter la journée. Ce moment de soin personnel contribue à votre bien-être global et vous aide à commencer la journée du bon pied. Ce moment où vous nettoyez, hydratez, prenez soin de votre peau est bien plus qu'une démarche esthétique. C'est une façon de remercier votre corps, ce compagnon silencieux qui vous porte à travers chaque expérience.

Optimisez votre organisation pour un esprit apaisé

Préparer vos produits à l'avance n'est pas seulement une question de praticité, mais aussi une stratégie pour préserver votre énergie mentale. Chaque décision que nous prenons consomme une partie de notre capacité cognitive, un phénomène connu sous le nom de **fatigue décisionnelle** . En ayant vos essentiels à portée de main et en éliminant les choix inutiles au réveil, vous libérez votre esprit pour des tâches plus importantes.
Cette démarche va bien au-delà d'une simple gestion du quotidien. Elle agit directement sur votre cerveau en réduisant l'activation de l'amygdale, le centre de la peur et du stress. Une organisation efficace peut également stimuler votre cortex préfrontal, responsable de la prise de décision et de la régulation émotionnelle, renforçant ainsi votre capacité à rester serein face aux imprévus.

Une organisation qui se transforme en plaisir

Lorsque vos gestes quotidiens ne sont plus encombrés par des recherches inutiles ou des oublis, ils deviennent une source de satisfaction. Préparer vos affaires à l'avance transforme une corvée en un rituel agréable, ancré dans une dynamique de simplicité et d'harmonie. Cela contribue à renforcer la sécrétion de **dopamine** , l'hormone du plaisir, vous mettant dans de meilleures dispositions dès le matin.

Créez un cadre propice à la sérénité

Ces pratiques ne sont pas des règles rigides, mais des **outils flexibles** , adaptés à vos besoins et vos rythmes. Chaque petit effort d'organisation favorise un environnement mental et émotionnel plus apaisé. Cette routine matinale, que vous pouvez personnaliser à l'infini, agit comme une ancre de stabilité.
En vous libérant des distractions inutiles et en vous concentrant sur des habitudes structurantes, vous permettez à votre cerveau de fonctionner de manière optimale. Cela favorise la création de nouveaux schémas neuronaux, un processus connu sous le nom de **neuroplasticité** , renforçant ainsi votre capacité à aborder chaque journée avec clarté, énergie, et positivité renouvelée.

Créer des moments de silence : l'art oublié de la déconnexion

Dans un monde saturé de bruit et de stimulations, le silence n'est plus une absence, mais une richesse à redécouvrir. C'est un espace où l'esprit peut se poser, respirer, et retrouver son équilibre. Le silence, en réalité, est une **présence attentive** , une conversation subtile avec soi-même et le monde.

Déconnexion numérique : l'ascèse moderne

Nos écrans sont devenus les gardiens de notre attention, dispersant nos pensées à chaque notification. Mais si nous choisissions de reprendre les rênes ?

- Définissez des **plages horaires sanctuaires** , loin des écrans. Ces moments appartiennent à vous seul.
- Désactivez les notifications superflues. Imaginez votre téléphone comme une porte : fermez-la pour préserver votre calme intérieur.
- Créez un **havre de paix technologique** . Une pièce ou un coin dépourvu d'appareils électroniques, où vous pouvez respirer librement, sans intrusion.

Marche méditative : une symphonie en mouvement

Et si marcher devenait une forme de méditation ? Pas besoin de destinations précises ni de rythmes effrénés. Il suffit d'être là, à chaque pas.

- **Ressentez le sol** sous vos pieds. Le poids de votre corps qui s'équilibre, la texture de la terre ou du bitume.
- **Ouvrez vos sens** : la fraîcheur d'un vent léger, le chant d'un oiseau, le jeu d'ombres et de lumières sur les feuilles.
- Faites de votre respiration une mélodie, synchronisée à vos mouvements. Chaque inspiration devient une ancre, chaque expiration, un lâcher-prise.
- Observez vos pensées comme des voyageurs, sans leur demander de s'attarder.

L'intégration douce : petits pas, grands impacts

Ces pratiques ne sont pas des règles rigides, mais des invitations à mieux vivre. Commencez avec simplicité :

1. Choisissez une pratique qui vous parle : un moment sans écran, une marche attentive, ou simplement un instant de silence total.
2. Commencez petit, avec 5 ou 10 minutes. Ce n'est pas la durée qui compte, mais la qualité de la présence.
3. Soyez indulgent envers vous-même. Le silence n'est pas un état à conquérir, mais un espace à apprivoiser.

Avec le temps, ces gestes deviennent une seconde nature. Chaque moment de calme que vous cultivez agit comme une pierre jetée dans l'eau : ses ondulations apaisent votre esprit et élargissent votre champ de sérénité.

Créer des moments de silence

Dans un monde saturé de bruit et de stimulations, le silence n'est plus une absence, mais une richesse à redécouvrir. C'est un espace où l'esprit peut se poser, respirer, et retrouver son équilibre. Le silence, en réalité, est une **présence attentive** , une conversation subtile avec soi-même et le monde.

Déconnexion numérique

Nos écrans sont devenus les gardiens de notre attention, dispersant nos pensées à chaque notification. Mais si nous choisissons de reprendre les rênes ?

- Établissez des plages horaires sans écrans.

- Éteignez les notifications en dehors des heures professionnelles.
- Créez un espace physique et mental libre de toute intrusion technologique (mail, notifications etc.

Marche méditative : une symphonie en mouvement

Et si marcher devenait une forme de méditation ? Pas besoin de destinations précises ni de rythmes effrénés. Il suffit d'être là, à chaque pas.

- **Ressentez le sol** sous vos pieds. Le poids de votre corps qui s'équilibre, la texture de la terre ou du bitume.
- **Ouvrez vos sens** : la fraîcheur d'un vent léger, le chant d'un oiseau, le jeu d'ombres et de lumières sur les feuilles.
- Faites de votre respiration une mélodie, synchronisée à vos mouvements. Chaque inspiration devient une ancre, chaque expiration, un lâcher-prise.
- Observez vos pensées comme des voyageurs, sans leur demander de s'attarder.

Commencez avec simplicité :

1. Choisissez une pratique qui vous parle : un moment sans écran, une marche attentive, ou simplement un instant de silence total.
2. Commencez petit, avec 5 ou 10 minutes. Ce n'est pas la durée qui compte, mais la qualité de la présence.
3. Soyez indulgent envers vous-même. Le silence n'est pas un état à conquérir, mais un espace à apprivoiser.

Avec le temps, ces gestes deviennent une seconde nature. Chaque moment de calme que vous cultivez agit comme une pierre jetée dans l'eau : ses ondulations apaisent votre esprit et élargissent votre champ de sérénité. La clé est la régularité, non la perfection. Chaque petit pas compte.

Chapitre 8 : Simplifier ses pensées

Éliminer la surcharge mentale : L'art de la simplicité

Dans un monde où les sollicitations se multiplient, notre esprit est souvent submergé par une avalanche de pensées, de responsabilités, et d'objets inutiles. Pourtant, retrouver une clarté mentale commence par une démarche simple mais puissante : alléger. Un environnement épuré et des tâches organisées peuvent faire des merveilles pour notre sérénité intérieure et notre productivité.

Simplifiez votre environnement : un espace clair pour un esprit clair

Notre environnement physique reflète et influence directement notre état mental. Un espace désordonné peut générer du stress et réduire notre capacité de concentration. Pour libérer votre esprit :

- Adoptez le minimalisme : Inspirez-vous du principe "moins, c'est mieux". Gardez uniquement les objets qui vous sont utiles ou qui apportent une réelle joie. Cette approche allège non seulement votre espace mais aussi vos préoccupations.

- Créez des zones dédiées : Organisez votre maison ou bureau en espaces fonctionnels. Un coin travail, un espace détente, une zone créative… Cela permet à votre cerveau d'associer chaque endroit à une activité spécifique, améliorant ainsi votre concentration.
- Mettez en place des routines de rangement : Prenez quelques minutes chaque jour pour remettre de l'ordre. Un environnement propre et organisé agit comme une base apaisante pour un esprit surchargé.

Simplifiez vos tâches : une organisation intelligente

La gestion des tâches peut être une source majeure de surcharge mentale. Il est essentiel de prioriser et structurer pour éviter la dispersion. Voici comment :

- La méthode Eisenhower : Classez vos tâches en quatre catégories :

  1. Urgentes et importantes : à réaliser immédiatement.
  2. Importantes mais non urgentes : à planifier.
  3. Urgentes mais non importantes : à déléguer.
  4. Ni urgentes ni importantes : à éliminer. Cette matrice aide à identifier l'essentiel et à se libérer des tâches inutiles.

- Pratiquez le "batching" : Regroupez les tâches similaires (comme répondre aux emails ou faire des appels) et traitez-les en une seule session. Cela réduit les transitions mentales, qui sont coûteuses en énergie cognitive.

- Apprenez à déléguer et dire non : Vous ne pouvez pas tout faire. Identifiez les engagements non essentiels et déléguez-les ou refusez-les poliment.

il est important d'aborder ces changements progressivement :

- Commencez par une seule zone de votre maison ou une catégorie de tâches.
- Fixez-vous des objectifs réalistes : un tiroir à ranger ou une tâche à déléguer par jour.
- Soyez bienveillant envers vous-même : la simplification est un processus, pas une course.

Impact à long terme : Avec le temps, ces petites actions cumulées créent un effet boule de neige. Un esprit libéré est plus apte à innover, à résoudre des problèmes complexes et à profiter pleinement du moment présent.

La technique des "3 choses essentielles" : Un focus puissant pour une journée accomplie

Il est facile de se perdre dans un tourbillon d'activités sans réellement avancer. La technique des "3 choses essentielles" est une méthode simple mais efficace pour recentrer votre attention et vos énergies sur ce qui compte réellement. Ce n'est pas la quantité de tâches accomplies, mais leur qualité et leur impact qui déterminent votre progrès.

L'identification des priorités essentielles

Chaque matin, prenez un moment pour clarifier vos priorités du jour. Plutôt que de vous laisser engloutir par une liste interminable de tâches, concentrez-vous sur **3 actions concrètes** qui feront une véritable différence dans votre journée. Ces 3 tâches doivent répondre à des critères spécifiques :

- **Impact significatif** : Choisissez des actions qui auront un impact réel et mesurable sur vos objectifs. Il ne s'agit pas de cocher des cases, mais de poser des pierres solides dans la construction de vos projets.
- **Alignement avec vos valeurs** : Sélectionnez des tâches qui résonnent avec ce que vous croyez être important. L'alignement entre vos actions et vos valeurs crée une motivation profonde et une satisfaction durable.
- **Réalisables dans la journée** : Assurez-vous que les tâches sont concrètes et réalisables dans le temps imparti. Elles doivent être suffisamment claires pour que vous puissiez les accomplir, sans procrastiner ou vous disperser.

Mise en pratique : structurer et exécuter

Une fois vos 3 priorités définies, il est crucial de mettre en place une structure pour les exécuter efficacement :

- **Notez-les sur un support visible** : Inscrivez ces tâches sur un carnet, une application ou un tableau, de manière à les avoir constamment en vue. Ce simple geste permet de renforcer votre engagement envers elles.
- **Commencez par la tâche la plus importante** : Attaquez la journée en vous concentrant sur la tâche qui a le plus grand impact. La clarté de cette première

action nourrit votre momentum et vous propulse dans la journée.

- **Célébrez vos progrès** : Ne sous-estimez jamais le pouvoir d'une petite victoire. Célébrez chaque tâche accomplie. Cela aligne votre cerveau avec un sentiment de satisfaction et de succès, libérant des endorphines qui nourrissent votre motivation pour le reste de la journée.

La technique des "3 choses essentielles" repose sur un principe fondamental du cerveau : le **focalisation** . Notre cerveau, bien que puissant, a une capacité limitée à gérer simultanément plusieurs tâches complexes. En restreignant votre attention à 3 priorités majeures, vous stimulez votre cortex préfrontal, la zone cérébrale associée à la prise de décision et à la planification. Cela vous permet de rester concentré, d'éviter le multitasking et de maximiser votre efficacité.

De plus, l'alignement des tâches avec vos valeurs personnelles active le système de **récompense dopaminergique** , renforçant votre motivation intrinsèque et créant un cercle vertueux de productivité. Enfin, la célébration de chaque accomplissement génère un sentiment de **compétence** , un des piliers de la motivation durable, selon la théorie de l'autodétermination.

En réduisant le nombre de tâches à accomplir et en les rendant significatives, vous libérez votre esprit du chaos et créez un cadre propice à une action ciblée et efficace. La technique des "3 choses essentielles" est une pratique quotidienne simple mais puissante qui vous permet de faire de chaque journée un pas vers vos objectifs, tout en restant fidèle à ce qui compte vraiment pour vous.

Transformer l'introspection en action : Un chemin vers la transformation personnelle

L'introspection, bien qu'essentielle à la compréhension de soi, peut parfois se transformer en un piège lorsque les mêmes pensées reviennent sans cesse. Ces pensées récurrentes, loin d'être des problèmes, sont des signaux envoyés par notre esprit. Elles nous invitent à regarder en nous-mêmes et à en tirer des enseignements. Mais plutôt que de se laisser submerger par elles, il est possible de les transformer en **opportunités d'action** . Cette approche active permet de canaliser l'énergie mentale et émotionnelle de manière constructive et d'instaurer un cercle vertueux d'action et de progrès.

Processus de transformation : De la prise de conscience à l'action concrète

Lorsque vous êtes confronté à une pensée récurrente, l'essentiel est de la reconnaître sans jugement et d'en comprendre le message. Voici un processus simple pour transformer cette pensée en une action constructive.

Identification de la pensée récurrente

La première étape est de **reconnaître la pensée** qui tourne en boucle. Il peut s'agir de pensées comme : « Je suis stressé par mon travail », « Je me sens déconnecté de mes proches », ou « Je voudrais progresser personnellement ». Il est crucial de **l'accueillir sans jugement** , sans chercher à la repousser ni à la rationaliser. L'objectif n'est pas d'avoir des pensées parfaites, mais d'accepter leur présence pour mieux les comprendre.

Demandez-vous ensuite : **« Que me dit cette pensée ? »** Ce questionnement permet de voir la pensée sous un autre angle et d'en extraire un enseignement qui pourra être transformé en action.

Création d'une micro-action

Une fois que vous avez identifié la pensée et sa signification, l'étape suivante est de la traduire en **micro-action** . Il ne s'agit pas de réagir impulsivement, mais de choisir une action concrète et réaliste qui vous aidera à avancer.

Les micro-actions sont des gestes simples, mais significatifs, qui permettent de sortir de l'inaction et de la rumination mentale. Elles brisent le cercle vicieux de la pensée récurrente en créant de la **dynamique** .

Exemples concrets de transformation :

- **Pensée** : « Je suis stressé par mon travail »
  Micro-actions :

  - Prendre 10 minutes pour méditer et respirer profondément
  - Planifier un entretien avec votre responsable pour clarifier des attentes
  - Mettre à jour votre CV pour avoir un plan B en cas de besoin

- **Pensée** : « Je me sens déconnecté de mes proches »
  Micro-actions :

  - Envoyer un message sincère à un ami ou un membre de la famille

- Planifier un appel pour échanger et rattraper le temps perdu
- Proposer une sortie ensemble pour raviver la connexion

- **Pensée** : « Je voudrais progresser personnellement »
  Micro-actions :

    - Lire un chapitre d'un livre de développement personnel
    - S'inscrire à un cours en ligne pour acquérir une nouvelle compétence
    - Identifier un mentor et lui demander des conseils pour progresser

Ces micro-actions, bien que petites, ont le pouvoir de **réactiver notre motivation** et de **changer notre état d'esprit** . Elles nous aident à passer de la rumination à l'action et permettent de se reconnecter à nos objectifs et à nos valeurs.

La puissance des petites actions : Un effet domino positif

Les **micro-actions** peuvent paraître insignifiantes au départ, mais leur impact cumulé peut être puissant. Voici pourquoi elles sont si efficaces :

- **Briser le cycle de rumination** : Chaque micro-action rompt la boucle mentale des pensées négatives en déplaçant l'attention vers un geste concret. Cela vous empêche de rester prisonnier de la spirale anxieuse.
- **Redonner un sentiment de contrôle** : Lorsque vous agissez, même à petite échelle, vous reprenez **le**

contrôle de votre journée . Vous n'êtes plus une victime des circonstances, mais un acteur de votre propre vie.

- **Générer de la dynamique positive** : Chaque petite victoire déclenche une **dynamique positive** . L'énergie d'une action concrète nourrit la suivante, créant un enchaînement de progrès qui vous donne de l'élan.
- **Transformer l'anxiété en énergie constructive** : L'anxiété est souvent un blocage. La **micro-action** vous permet de transformer cette énergie stagnante en un moteur de transformation. L'anxiété devient alors un allié, vous poussant à agir plutôt qu'à vous laisser paralyser.

La transformation de l'introspection en action est une démarche **pragmatique** qui permet de passer de la réflexion à la mise en œuvre. En identifiant les pensées récurrentes, en les transformant en micro-actions et en construisant un momentum d'action positive, vous développez une relation plus saine avec vos pensées et vos émotions. Le but n'est pas de supprimer les pensées négatives, mais de les utiliser comme **outils de croissance** pour créer une vie plus alignée avec vos aspirations.

Citation

"Surveillez vos pensées, elles deviendront vos paroles. Surveillez vos paroles, elles deviendront vos actes. Surveillez vos actes, ils deviendront vos habitudes. Surveillez vos habitudes, elles deviendront votre caractère. Surveillez votre caractère, il deviendra votre destinée."
Citation attribuée à Mahatma Gandhi
Cette phrase illustre l'idée que nos pensées initiales, même les plus subtiles, peuvent, par une chaîne de conséquences, modeler toute notre vie. Elle met en lumière l'importance d'une

Chapitre 10 : L'autocompassion comme clé de sérénité.

La surpensée n'est pas un défaut personnel, c'est une condition humaine universelle. Notre cerveau, cet organe merveilleux et complexe, est programmé pour analyser, prévoir, et parfois s'égarer dans des labyrinthes de réflexions qui nous éloignent de la paix intérieure.

Dans l'arène de l'esprit, nous sommes souvent à la fois le juge, le bourreau et la victime. Pourtant, et si nous devenions simplement notre propre allié ?

L'autocompassion est cet art subtil qui consiste à cesser de se maltraiter pour commencer à s'élever. Deux techniques puissantes peuvent y contribuer : le dialogue bienveillant et la métaphore de l'ami compatissant.

Notre cerveau, ce narrateur implacable, a souvent une propension à l'autocritique. Mais vous savez maintenant que ce flot négatif, répété inlassablement, active l'amygdale, cette petite structure cérébrale liée au stress et à la peur. La clé pour désamorcer cette bombe émotionnelle réside dans le dialogue intérieur bienveillant.

Une technique éprouvée

Étape 1 : Reconnaissance

Tout commence par une prise de conscience. Ressentez ce moment où la tempête mentale s'élève :

- Votre cœur s'accélère, votre respiration devient courte.

- Arrêtez-vous. Littéralement, posez vos outils, levez les yeux du clavier, ou éteignez votre téléphone.
- Inspirez profondément, en laissant l'air traverser vos poumons comme un courant apaisant.

Etape 2 : Le Dialogue Intérieur
Voici où la magie opère : reprogrammer la narration. Transformez la voix du critique en celle d'un mentor bienveillant.

- **Avant** : "Je suis nul, j'ai encore tout raté."
- **Après** : "C'est un moment difficile. Je fais face à des défis, mais j'apprends et je m'améliore à chaque pas."

Ce changement n'est pas anodin. Il réoriente les circuits neuronaux, en activant le cortex préfrontal, siège de la réflexion et de l'empathie, et en calmant les zones liées au stress. Avec le temps, ces nouveaux chemins deviennent des autoroutes de bienveillance.

La Métaphore de l'Ami Bienveillant

Imaginez une scène : votre meilleur ami s'effondre face à un échec. Que lui diriez-vous ? Lui infligeriez-vous le fouet verbal que vous vous infligez parfois ? Probablement pas. Cette réflexion conduit à une révélation essentielle : pourquoi ne pas appliquer cette même indulgence à vous-même ?
Visualisez cet ami en vous-même.

- Quelles paroles de réconfort offririez-vous ?
- Quels gestes apaisants poseriez-vous ?

En neurosciences, cette pratique active les circuits de récompense, libérant de la dopamine, l'hormone du plaisir. L'effet est double : elle renforce la confiance en soi tout en diminuant la douleur émotionnelle.

Ces techniques ne sont pas des exercices théoriques. Elles sont des outils concrets pour transformer votre relation avec vous-même :

- **Réduire la rumination mentale** : Chaque phrase bienveillante calme l'activation excessive des zones cérébrales responsables de l'anxiété.
- **Stimuler la neuroplasticité** : Ces répétitions d'auto-empathie redessinent vos connexions neuronales, vous entraînant à réagir différemment face aux défis.

Ainsi, l'autocompassion n'est pas un simple acte de douceur. C'est une révolution intérieure, un choix conscient de se traiter avec autant d'humanité que l'on en accorderait aux autres. Un choix qui, au fil du temps, pourrait bien remodeler non seulement votre esprit, mais aussi la trajectoire de votre vie.

Intégration Quotidienne

L'autocompassion est un muscle. Plus vous le travaillerez, plus il deviendra naturel.

Commencez petit :

- Une pensée bienveillante par jour
- Un moment de pause
- Un respect de vos limites

Focalisation sur ses valeurs profondes

Dans le tumulte de la vie quotidienne, il est facile de se perdre dans des tâches urgentes mais futiles, des attentes sociales et des désirs superficiels. Pourtant, comme un marin sans boussole, avancer sans se connecter à ses valeurs profondes nous expose à l'errance émotionnelle et au vide existentiel. Se recentrer sur ces valeurs, c'est redécouvrir le fil rouge de notre existence : ce qui nous anime, nous inspire, et donne du sens à nos actions.

Pourquoi les valeurs sont essentielles ?

Les valeurs ne sont pas de simples principes abstraits. En neurosciences, elles jouent un rôle clé dans la régulation émotionnelle et la motivation :

- **Ancrage identitaire** : Elles sont stockées dans notre mémoire autobiographique, une partie du cerveau qui façonne notre sentiment de soi.
- **Régulation du stress** : Agir en cohérence avec ses valeurs réduit l'activité de l'amygdale, diminuant ainsi l'anxiété.
- **Stimulus motivationnel** : Elles activent le système dopaminergique, générant énergie et persévérance face aux défis.

En d'autres termes, elles sont le GPS interne qui guide nos choix et aligne nos actions avec ce qui compte vraiment.

Comment se reconnecter à ses valeurs profondes ?

1. Exploration introspective

Prenez un moment pour vous poser et explorer les questions suivantes :

- Quelles sont les qualités que vous admirez chez les autres ?
- Qu'est-ce qui, dans votre vie, vous a déjà procuré un profond sentiment de satisfaction ?
- À la fin de votre vie, pour quelles raisons aimeriez-vous être souvenu ?

Ces questions activent le cortex préfrontal, la zone du cerveau dédiée à la réflexion, et vous aident à identifier vos priorités.

2. Clarification par l'écriture

Listez vos valeurs. Ensuite, pour chacune, demandez-vous :

- Comment cette valeur se manifeste-t-elle aujourd'hui dans ma vie ?
- Quelles actions concrètes pourrais-je entreprendre pour mieux l'incarner ?

L'écriture engage l'hippocampe, renforçant ainsi la clarté et la mémorisation des valeurs identifiées.

Vivre selon ses valeurs : de la théorie à l'action

Se focaliser sur ses valeurs n'est pas un exercice intellectuel, mais une pratique quotidienne. Voici comment l'intégrer dans votre vie :

- **Priorisez vos actions** : À chaque début de journée, identifiez une tâche alignée avec vos valeurs profondes. Par exemple : si la valeur "apprentissage" est importante, prévoyez du temps pour lire ou vous former.
- **Prenez des décisions en accord avec vos valeurs** : Lorsque vous êtes face à un choix difficile, demandez-vous : "Quelle option reflète le mieux mes valeurs ?"
- **Célébrez les petites victoires** : Chaque fois que vous agissez selon vos valeurs, prenez un moment pour reconnaître votre effort. Cela renforce les circuits neuronaux de la satisfaction et de la motivation.

Tenez un journal où vous :

- Notez vos pensées difficiles
- Réécrivez-les avec compassion
- Documentez vos progrès

Les bénéfices à long terme

Agir en harmonie avec vos valeurs vous permet de développer :

- **Une résilience émotionnelle** : Vous trouvez un sens même dans l'adversité, réduisant ainsi la détresse psychologique.
- **Une authenticité accrue** : Votre vie devient un reflet fidèle de ce que vous êtes vraiment, et non de ce que la société attend de vous.
- **Un bien-être durable** : Contrairement aux plaisirs éphémères, les actions guidées par vos valeurs nourrissent une satisfaction profonde et durable.

Un voyage vers soi

La focalisation sur vos valeurs profondes est comme une étoile polaire : un repère constant dans l'incertitude. Ce n'est pas un chemin toujours facile, mais il est authentique. À chaque pas, vous réalignez votre vie avec ce qui fait battre votre cœur, vous offrant non seulement un sens, mais aussi une direction claire et sereine.

Exercice Pratique : Le Rituel de Compassion

1. **Posture**

   - Asseyez-vous confortablement
   - Dos droit, mais sans tension
   - Mains sur le cœur

2. **Méditation**

   - Respirez profondément
   - Répétez : "Je mérite la compassion"
   - Accueillez toutes vos émotions

3. **Visualisation**

   - Imaginez une lumière bienveillante vous enveloppant
   - Visualisez vos blessures intérieures se cicatriser

4. Les Mythes à Déconstruire

- La perfection n'existe pas
- L'autocritique n'est pas productive
- La vulnérabilité est une force
- Chaque être humain mérite compassion

Citation

Celui qui combat des monstres doit prendre garde à ne pas devenir monstre lui-même. Et si tu regardes longtemps dans un abîme, l'abîme regarde aussi en toi."

— Friedrich Nietzsche (Philosophie) *(Par-delà bien et mal)* *Nietzsche met en garde contre le danger de se laisser consumer par la lutte contre des forces négatives ou des injustices. Lorsqu'on s'engage dans une bataille contre des éléments destructeurs ou malveillants (qu'ils soient internes ou externes), il existe un risque de devenir ce que l'on combat. Cela peut se manifester par l'adoption des mêmes comportements que ceux que l'on dénonce, comme la violence, l'intolérance ou la cruauté. L'idée est que l'obsession de l'ennemi peut modifier notre perception de nous-mêmes et transformer notre éthique et notre moralité en réponse à la lutte.*

Lorsque nous faisons face à des situations difficiles ou que nous combattons des comportements nuisibles, il est essentiel de maintenir un équilibre, afin de ne pas perdre notre propre essence morale et intérieure dans le processus. Cela évoque aussi l'idée que nous devons faire attention à ce que nous nourrissons dans nos pensées et nos émotions, car ce qui nous consume peut aussi transformer notre personnalité et notre vision du monde.

Chapitre 11 : La Puissance de l'État de "Flow"

Le Flow : Une Oasis de Tranquillité Intérieure

Le flow est un état psychologique unique où l'individu est totalement immergé dans une activité, perdant la notion du temps et de soi. C'est un moment de fusion parfaite entre l'action et la conscience, où l'esprit trouve un silence absolu.

Définition Scientifique

Concept développé par le psychologue Mihály Csíkszentmihályi, le flow représente :

- Une concentration maximale
- Une absorption totale dans l'activité
- Une perception altérée du temps
- Un sentiment de contrôle et de lâcher-prise simultanés

Imaginez un moment où vous êtes si absorbé dans ce que vous faites que le monde extérieur semble s'évanouir. Vous perdez la notion du temps, vous ne ressentez ni fatigue ni distraction, et votre esprit fonctionne avec une fluidité surprenante.

Les Caractéristiques du Flow

Le *flow* ne survient pas par hasard. Il répond à des conditions spécifiques qui créent un terrain fertile pour cette expérience transcendante.

Conditions Essentielles

1. **Équilibre Défi-Compétence ;** Le défi doit être suffisamment complexe pour stimuler, mais pas au point de provoquer de l'anxiété. L'individu doit posséder les compétences nécessaires pour aborder l'activité, tout en étant poussé à explorer ses limites.

   - L'activité doit être juste assez complexe
   - Ni trop facile (ennui)
   - Ni trop difficile (anxiété)

2. **Objectifs Clairs :** L'activité doit avoir un but précis et mesurable, permettant au cerveau de focaliser ses ressources cognitives. Un retour immédiat (progrès visible, résultats tangibles) maintient l'esprit engagé et motive la persévérance.

   - But précis
   - Feedback immédiat
   - Progression mesurable

3. **Perdre Conscience de Soi** L'autocritique s'éteint, libérant l'individu des jugements internes. Cette absence de filtre mental ouvre la porte à une connexion profonde avec l'instant présent.

   - Disparition du filtre de l'autocritique

- Fusion avec l'activité
- Suspension du jugement

Le *flow* repose sur des mécanismes psychologiques et neurologiques précis :

- **Concentration maximale :** Le cortex préfrontal, habituellement chargé de l'autocritique et des pensées analytiques, se met en veille partielle, permettant une immersion totale.
- **Absorption totale :** L'activation du système dopaminergique renforce la motivation et la récompense, rendant l'activité intrinsèquement plaisante.
- **Perception altérée du temps :** L'horloge interne du cerveau, gérée par le lobe pariétal, se désynchronise, provoquant un sentiment de "temps suspendu".
- **Sentiment de contrôle :** Une interaction harmonieuse entre défi et compétence favorise une maîtrise intuitive de l'activité, sans effort conscient.

Les Bienfaits Profonds du Flow

Réduction du stress
En éteignant temporairement les pensées ruminantes et l'autocritique, le *flow* réduit l'activité de l'amygdale, la région cérébrale associée au stress. Il agit comme une forme d'évasion constructive.

Amélioration de la performance
Le *flow* mobilise efficacement les ressources cognitives, permettant une concentration et une créativité maximales. Les sportifs, artistes, et chercheurs en témoignent : cet état favorise des performances de pointe.

Satisfaction durable
Contrairement aux plaisirs éphémères, le *flow* génère une gratification profonde. L'esprit se nourrit de la progression dans l'activité elle-même, indépendamment des résultats finaux.
Épanouissement personnel
Le *flow* pousse l'individu à explorer ses limites, favorisant ainsi l'apprentissage, la croissance personnelle et un sentiment accru de maîtrise de soi.

"La pensée est le labeur de l'intelligence, la rêverie en est la volupté."
— (Les Misérables) **Victor Hugo**
Victor Hugo montre ici la dualité des pensées : un outil puissant, mais potentiellement accablant si mal contrôlé.

Les Activités Génératrices de Flow

1. Créativité Artistique

- Peinture
- Écriture
- Musique
- Danse
- Photographie

2. Pratiques Sportives

- Course à pied
- Yoga
- Escalade
- Arts martiaux

- Natation

3. Activités Intellectuelles

- Programmation
- Résolution de puzzles
- Échecs
- Apprentissage d'une langue
- Jeux stratégiques

4. Pratiques Artisanales

- Jardinage
- Menuiserie
- Cuisine
- Tricot
- Poterie

Induire le Flow

Préparation Mentale

1. Éliminer les Distractions

- Espace dédié
- Silence
- Déconnexion numérique

2. **Rituel d'Entrée**

- Respiration consciente
- Mise en place progressive
- Intention claire

3. **Acceptation**

- Lâcher-prise
- Non-jugement
- Curiosité bienveillante

Exercice Pratique : Découverte Personnelle

Cartographie de Votre Flow

- Listez les activités où vous perdez notion du temps
- Analysez leurs points communs
- Identifiez vos déclencheurs personnels.

Stratégies Concrètes

- Réserver des plages horaires dédiées
- Varier les activités
- Documenter vos expériences
- Célébrer vos progrès
- Commencer petit
- Être patient
- Pratiquer régulièrement

- Accepter notre manque d'expérience.

Le *flow* n'est pas une simple technique, mais une véritable philosophie de vie. C'est l'art subtil d'habiter pleinement le présent, de s'abandonner à l'instant avec confiance, et de découvrir une paix inattendue au cœur même de l'action. Cet état n'est pas un modèle universel, mais une expérience profondément personnelle, propre à chaque individu. Il agit comme une clé, ouvrant les portes de votre monde intérieur. Plutôt qu'une destination, le *flow* est un chemin, une exploration continue de soi, menant à une sérénité qui ne se cherche pas, mais se trouve, dans le simple fait d'être.

Citation

"La pensée excessive est un substitut à l'action. Trop penser est une défense contre le fait de ressentir."
— Carl Gustav Jung - Essais sur la psychologie analytique)
Une perspective psychanalytique pour expliquer pourquoi nous surpensons : c'est une manière inconsciente d'éviter d'affronter nos émotions.

Conclusion : Ne combattez pas vos pensées, apprenez à danser avec elles.

L'esprit calme, la vie plus légère

Nos pensées ne sont ni ennemies ni alliées, mais des partenaires de danse. Apprenez à les guider, à les observer, et parfois, à les laisser vous mener, sans jamais perdre votre équilibre intérieur.

Résumé des enseignements principaux :

1. *Reconnaissance* : Identifiez vos pensées sans jugement.
2. *Action* : Transformez-les en opportunités concrètes et réalisables.
3. *Sérénité* : Adoptez des pratiques pour apaiser l'esprit et clarifier vos priorités.
4. *Équilibre* : Trouvez votre état de *flow* et vivez pleinement dans l'instant présent.

Ces techniques ne demandent ni perfection ni précipitation. Comme un jardinier soigne son sol avant de semer, commencez doucement. Intégrez un changement à la fois, observez son impact, et progressez à votre rythme.

Dernier conseil : *Ne cherchez pas à dompter votre esprit, mais à vivre en harmonie avec lui. Car un esprit apaisé ne mène pas à une vie sans défis, mais à une vie où chaque défi devient une chance de grandir.*

Plan d'action: Dompter la surpensée en 7 jours

Voici une version condensée en **7 jours** du plan d'action, tout en conservant les étapes essentielles et leur progression :

Plan d'Action : Réduire la surpensée en 7 jours

Jour 1 : Observer ses pensées

- **Action :** Prenez 5 à 10 minutes pour observer vos pensées sans jugement. Notez les moments où la surpensée survient et ce qui semble la déclencher.
- **Objectif :** Prendre conscience de vos schémas mentaux et identifier les déclencheurs.

Jour 2 : Respiration consciente

- **Action :** Pratiquez la respiration consciente pendant 5 minutes. Inspirez profondément en comptant jusqu'à 4, retenez votre souffle 4 secondes, puis expirez sur 4 secondes. Répétez 5 fois.
- **Objectif :** Calmer l'esprit et établir une connexion avec le moment présent.

Jour 3 : Identifier les sources de stress mental

- **Action :** Listez les situations ou pensées qui causent le plus de stress dans votre vie. Classez-les en deux catégories : celles que vous pouvez contrôler et celles qui échappent à votre contrôle.
- **Objectif :** Mieux comprendre les origines de la surpensée pour agir de manière ciblée.

Jour 4 : Ancrage dans le moment présent

- **Action :** Utilisez la **technique des 5 sens** chaque fois que vous êtes pris dans une boucle mentale : identifiez 1 chose que vous voyez, entendez, sentez, touchez, et goûtez.
- **Objectif :** Couper les cycles de rumination et revenir à l'instant présent.

Jour 5 : Journaling

- **Action :** Écrivez pendant 10 minutes sans filtre. Déversez vos pensées sur le papier, sans chercher à les organiser ou à les contrôler.
- **Objectif :** Externaliser les pensées pour diminuer leur poids et les analyser avec clarté.

Jour 6 : Visualisation positive et affirmations

- **Action :** Prenez 5 minutes pour visualiser un futur serein, avec des images positives qui suscitent du calme. Ensuite, identifiez une pensée négative récurrente et remplacez-la par une affirmation positive.
- **Exemple :** "Je ne suis pas à la hauteur" → "Je progresse à mon rythme, et c'est suffisant."
- **Objectif :** Reprogrammer votre esprit en renforçant les pensées constructives.

Jour 7 : Gratitude et célébration

- **Action :** Le soir, écrivez trois choses pour lesquelles vous êtes reconnaissant(e) dans la journée. Ensuite, prenez quelques minutes pour réfléchir à vos progrès durant la semaine.

- **Objectif :** Renforcer les nouvelles habitudes positives et célébrer votre cheminement personnel.

Résumé des Objectifs

En 7 jours, vous passerez :

1. **De l'observation des pensées** → à leur compréhension.
2. **De la surpensée** → à des actions concrètes pour la calmer.
3. **De l'anxiété** → à une reconnaissance des aspects positifs et un sentiment de contrôle.

Chaque jour est un pas vers une maîtrise durable de votre esprit et un allègement de votre charge mentale.

Carnet de Progression Personnelle

Carnet de Progression Personnelle

Objectif : Un compagnon pour suivre, analyser, et célébrer vos évolutions personnelles

Le carnet de progression personnelle est un outil de réflexion et de suivi qui vous accompagne dans votre cheminement vers un esprit plus clair et une vie plus épanouissante.

Structure du Carnet

1. Introduction : Posez vos intentions

- **Pourquoi tenir ce carnet ?** Notez vos motivations : réduire la surcharge mentale, mieux gérer vos émotions, ou atteindre vos objectifs.
- **Vos aspirations personnelles** : Identifiez ce que vous souhaitez accomplir à court, moyen, et long terme.

2. Journal Quotidien

Routine quotidienne de réflexion :

- **État émotionnel actuel** : Comment vous sentez-vous aujourd'hui ? (utilisez une échelle ou des mots-clés comme calme, stressé, joyeux).
- **3 choses essentielles** : Listez vos 3 priorités de la journée.
- **Réflexion sur les pensées récurrentes** : Quelles pensées ont dominé votre esprit ? Notez-les pour mieux les comprendre.
- **Gratitude** : Identifiez une chose pour laquelle vous êtes reconnaissant.

3. Suivi Hebdomadaire

- **Évaluation des objectifs** : Avez-vous accompli vos priorités de la semaine ? Pourquoi ou pourquoi pas ?
- **Moments de flow** : Décrivez une activité où vous avez ressenti un état de flow.
- **Défis rencontrés** : Quelles ont été les sources de surcharge mentale ou de stress ?

- **Leçons apprises** : Qu'avez-vous découvert sur vous-même ou sur vos habitudes ?

4. Suivi Mensuel

- **Réalisations majeures** : Qu'avez-vous accompli ce mois-ci ?
- **Évolution personnelle** : Identifiez les domaines où vous avez progressé (calme mental, relations, efficacité).
- **Révisions des objectifs** : Ajustez vos objectifs pour le mois suivant selon vos priorités actuelles.

5. Section Inspirationnelle

- **Citations Motivantes** : Ajoutez des citations qui vous inspirent (comme celles de Gandhi, Rûmi, ou le Dhammapada).
- **Notes de lecture ou de podcasts** : Inscrivez les idées marquantes qui vous aident à progresser.
- **Pensées créatives** : Laissez un espace libre pour écrire vos idées, projets, ou rêves.

Exemples Concrets d'Entrées dans le Carnet

Journal Quotidien : Exemple

- **État émotionnel** : Un peu stressé, mais motivé.
- **3 priorités essentielles** :

    1. Finaliser un projet de travail.
    2. Appeler un ami pour prendre des nouvelles.
    3. Faire une séance de yoga.

- **Pensées récurrentes** : "Je n'ai pas assez de temps." -> Action : Revoir ma gestion du temps.
- **Gratitude** : Mon café matinal et le soleil qui brillait aujourd'hui.

Suivi Hebdomadaire : Exemple

- **Réalisations** : J'ai terminé 2 projets professionnels importants.
- **Défis** : Une surcharge de travail imprévue, mais j'ai appris à déléguer.
- **Leçons apprises** : Faire des pauses régulières m'aide à rester concentré plus longtemps.

Pourquoi le Carnet Fonctionne ?

- **Clarté mentale** : Externaliser vos pensées permet de libérer votre esprit.
- **Suivi de progression** : Observer vos avancées motive à continuer.
- **Réflexion constructive** : Identifier vos schémas récurrents aide à adopter de meilleures stratégies.

Conseils pour Maximiser son Utilisation

1. **Soyez régulier** : Prenez 5 à 10 minutes par jour pour le remplir.
2. **Personnalisez-le** : Ajoutez des couleurs, des dessins ou des graphiques.
3. **Soyez honnête** : Ne cherchez pas à embellir la réalité, ce carnet est pour vous.

Rappelez-vous : Ce carnet est une extension de votre esprit, un miroir pour mieux comprendre vos pensées et vos progrès. Il n'a pas besoin d'être parfait, mais sincère et utile.

Glossaire Neurocognitif

1. ` Cortex Préfrontal

La partie du cerveau située à l'avant des lobes frontaux, responsable des fonctions exécutives telles que la prise de décision, le contrôle des impulsions, et la planification. Il joue un rôle clé dans la régulation des émotions et des pensées conscientes.

2. Neuroplasticité

La capacité du cerveau à se remodeler et à créer de nouvelles connexions neuronales en réponse à l'apprentissage, aux expériences ou aux blessures. Ce phénomène est essentiel pour le développement, la mémoire, et l'adaptation aux changements.

3. Amygdale

Une petite structure en forme d'amande située dans le système limbique, impliquée dans le traitement des émotions, notamment la peur et l'anxiété. L'amygdale joue un rôle clé dans les réactions de survie et les souvenirs émotionnels.

4. Hippocampe

Une région cérébrale en forme de cheval de mer, également située dans le système limbique, essentielle pour la formation, le stockage, et la récupération des souvenirs. L'hippocampe est également impliqué dans la navigation spatiale.

5. Système Limbique

Un ensemble de structures cérébrales interconnectées (incluant l'amygdale, l'hippocampe, et l'hypothalamus) qui régulent les émotions, la motivation, et les comportements instinctifs tels que la faim et la réponse au danger.

6. Synapse

Le point de connexion entre deux neurones, où l'influx nerveux est transmis par des signaux chimiques (neurotransmetteurs) ou électriques. Les synapses sont fondamentales pour la communication neuronale et l'apprentissage.

7. Neurotransmetteurs

Des molécules chimiques qui permettent la transmission des signaux entre neurones. Les principaux neurotransmetteurs incluent :

- **Dopamine** : Associée au plaisir, à la motivation, et à la récompense.
- **Sérotonine** : Rôle dans la régulation de l'humeur, du sommeil, et de l'appétit.

- **GABA** : Principal neurotransmetteur inhibiteur, réduisant l'activité neuronale pour favoriser la relaxation.
- **Glutamate** : Principal neurotransmetteur excitateur, crucial pour l'apprentissage et la mémoire.

8. Cortex Cingulaire Antérieur (CCA)

Une région du cortex cérébral impliquée dans la gestion des conflits internes, la prise de décision émotionnelle, et la régulation de l'attention. Le CCA est activé lors des moments d'introspection ou de gestion de la douleur.

9. Biais Cognitif

Un raccourci mental ou une distorsion systématique du traitement de l'information, influençant les jugements et décisions. Exemples :

- **Biais de confirmation** : Privilégier les informations confirmant ses croyances.
- **Biais d'ancrage** : Être influencé par la première information reçue.

10. États de Flow

Un état de concentration intense et de performance optimale, caractérisé par une immersion totale dans l'activité, une perception altérée du temps, et une harmonie entre défi et compétence.

11. Mémoire de Travail

Un système temporaire permettant de stocker et de manipuler des informations nécessaires à des tâches cognitives complexes, comme le raisonnement ou la résolution de problèmes.

12. Système Réticulé Activateur Ascendant (SRAA)

Un réseau neuronal du tronc cérébral qui régule l'éveil, la vigilance, et l'attention. Le SRAA filtre les stimuli sensoriels pour permettre de se concentrer sur les informations pertinentes.

13. Circuit de la Récompense

Un réseau cérébral impliqué dans la motivation et la sensation de plaisir, reliant l'aire tegmentale ventrale, le striatum, et le cortex préfrontal. Ce circuit est activé par des expériences agréables ou des stimuli liés à la récompense.

14. Homéostasie

La capacité du cerveau et du corps à maintenir un équilibre interne stable malgré les changements de l'environnement. L'homéostasie est essentielle à la régulation des fonctions biologiques comme la température et l'équilibre chimique.

15. Cortex Insulaire

Une région du cerveau impliquée dans la perception des sensations corporelles internes (interoception), la conscience émotionnelle, et la prise de décision.

16. Locus Cœruleus

Une petite structure cérébrale située dans le tronc cérébral, responsable de la libération de noradrénaline. Elle joue un rôle central dans la vigilance, l'attention, et la réponse au stress.

17. Élagage Synaptique

Un processus par lequel le cerveau élimine les connexions neuronales inutilisées ou inefficaces pour optimiser les réseaux neuronaux, surtout pendant l'enfance et l'adolescence.

18. États Alpha, Bêta, Theta, Delta

Des fréquences cérébrales mesurées par l'électroencéphalogramme (EEG) :

- **Alpha (8-13 Hz)** : Relaxation éveillée.
- **Bêta (14-30 Hz)** : Activité mentale intense.
- **Theta (4-7 Hz)** : Créativité et méditation profonde.
- **Delta (0,5-3 Hz)** : Sommeil profond et régénération.

19. Résilience Cognitive

La capacité du cerveau à s'adapter aux défis, à résister au stress, et à récupérer rapidement après une adversité, grâce à la neuroplasticité et aux stratégies de gestion mentale.

20. Effet Zeigarnik

La tendance à se souvenir plus facilement des tâches inachevées ou interrompues, ce qui peut alimenter la rumination mais aussi motiver à les compléter.

Ces concepts illustrent la richesse et la complexité de notre cerveau, offrant des pistes pour mieux comprendre nos pensées, émotions, et comportements.

Plan d'action étendu de 30 Jours

Semaine 1 : Prendre conscience et commencer le changement

- **Jour 1-3 : Observer les pensées**

    - **Action** : Prenez quelques minutes chaque jour pour observer vos pensées sans jugement. Notez les moments où vous commencez à trop penser.
    - **Objectif** : Prendre conscience de vos schémas de pensée sans essayer de les contrôler.

- **Jour 4-6 : Introduction à la respiration consciente**

    - **Action** : Pratiquez la respiration consciente pendant 5 minutes chaque matin pour calmer l'esprit.
    - **Objectif** : Lancer une pratique quotidienne de détente, aidant à interrompre le flux de pensées.

- **Jour 7 : Évaluer le stress mental**

- **Action** : Identifiez les sources principales de stress mental dans votre vie. Notez-les.
- **Objectif** : Identifier les déclencheurs de la surpensée pour mieux comprendre d'où elle vient.

Semaine 2 : Remplacer la surpensée par des actions constructives

- **Jour 8-10 : Ancrage dans le présent**

  - **Action** : Chaque fois que vous vous surprenez à trop penser, ramenez votre attention sur le moment présent en utilisant la technique des 5 sens (qu'est-ce que vous entendez, voyez, sentez, touchez, goûtez ?).
  - **Objectif** : Revenir à l'instant présent pour couper le cycle de rumination mentale.

- **Jour 11-13 : Journaling**

  - **Action** : Écrivez chaque jour pendant 10-15 minutes, sans filtre. Laissez vos pensées se déverser sur le papier pour réduire l'anxiété.
  - **Objectif** : Externaliser les pensées pour mieux les comprendre et y mettre un terme.

- **Jour 14 : Visualisation positive**

  - **Action** : Passez 5 minutes à visualiser un avenir serein et heureux, en utilisant des images positives qui vous font vous sentir calme.

- **Objectif** : Reprogrammer l'esprit en focalisant l'attention sur ce qui est positif et apaisant.

Semaine 3 : Construire la résilience et réduire l'anxiété

- **Jour 15-17 : Pratique de la pleine conscience**

  - **Action** : Essayez la méditation de pleine conscience pendant 5 à 10 minutes chaque jour.
  - **Objectif** : Apprendre à observer vos pensées sans être dominé par elles, et améliorer la concentration.

- **Jour 18-20 : Reprogrammer les pensées négatives**

  - **Action** : Identifiez une pensée négative récurrente et remplacez-la par une affirmation positive.
  - **Objectif** : Renforcer la capacité à remplacer les pensées distrayantes ou inutiles par des pensées constructives.

- **Jour 21 : Se détacher des résultats**

  - **Action** : Prenez un moment pour relâcher le contrôle sur une situation qui vous préoccupe. Acceptez que tout ne peut pas être parfaitement sous contrôle.
  - **Objectif** : Apprendre à lâcher prise pour réduire l'anxiété liée à la surpensée.

Semaine 4 : Consolider les nouvelles habitudes et maintenir la paix intérieure

- **Jour 22-24 : Pratiquer la gratitude**

    - **Action** : Chaque soir, écrivez trois choses pour lesquelles vous êtes reconnaissant(e) ce jour-là.
    - **Objectif** : Se concentrer sur le positif pour diminuer les pensées négatives.

- **Jour 25-27 : Apprendre à dire non**

    - **Action** : Identifiez une situation où vous avez tendance à accepter des choses par habitude, puis apprenez à dire non pour vous protéger mentalement.
    - **Objectif** : Éviter les sources inutiles de stress mental en fixant des limites saines.

- **Jour 28-30 : Célébration de la progression**

    - **Action** : Prenez un moment pour célébrer votre progrès. Identifiez ce qui a changé dans votre manière de penser et de réagir.
    - **Objectif** : Renforcer la confiance en soi et les nouvelles habitudes de gestion des pensées.

Ressources Complémentaires

Applications Recommandées

1. **Headspace**

   - Idéale pour débuter la méditation. Offre des séances guidées sur la pleine conscience et des techniques pour apaiser le mental.

2. **Calm**

   - Inclut des méditations, des histoires pour s'endormir, et des musiques apaisantes pour accompagner vos moments de calme.

3. **Notion**

   - Outil d'organisation puissant pour créer un espace mental plus léger en structurant vos idées, vos tâches, et vos projets.

4. **Forest**

   - Une application de gestion du temps qui vous aide à rester concentré et à réduire les distractions numériques.

5. **Insight Timer**

- Une vaste bibliothèque de méditations guidées, de cours sur la pleine conscience, et de sons relaxants.

Livres Inspirants

1. *"L'Art de la Méditation"* par Matthieu Ricard

   - Un guide clair et accessible pour intégrer la méditation dans son quotidien.

2. *"Flow : The Psychology of Optimal Experience"* par Mihály Csíkszentmihályi

   - Le livre fondateur sur l'état de *flow* et son impact sur notre bien-être.

3. *"Les Quatre Accords Toltèques"* par Don Miguel Ruiz

   - Un manuel pratique pour cultiver la sérénité intérieure et transformer son rapport au monde.

4. *"Mindfulness : An Eight-Week Plan for Finding Peace in a Frantic World"* par Mark Williams et Danny Penman

   - Une approche structurée pour intégrer la pleine conscience à votre vie quotidienne.

5. *"Le Pouvoir du Moment Présent"* par Eckhart Tolle

- Une invitation à s'ancrer dans l'instant et à vivre pleinement chaque moment.

Podcasts Inspirants

1. **"Métamorphose"** avec Anne Ghesquière

   - Discussions inspirantes sur la pleine conscience, le bien-être, et la transformation personnelle.

2. **"Happier with Gretchen Rubin"**

   - Des conseils pratiques pour cultiver le bonheur et réduire le stress.

3. **"Le Gratin"** avec Pauline Laigneau

   - Témoignages et réflexions pour progresser dans sa vie personnelle et professionnelle.

4. **"Wake Up"**

   - Épisodes consacrés à la spiritualité moderne et à la quête de sens.

5. **"On Purpose"** avec Jay Shetty

   - Une exploration des principes de pleine conscience et d'épanouissement personnel.

Méditations Guidées

- **Tara Brach** (disponible sur YouTube et Insight Timer)

    - Méditations accessibles pour développer la pleine conscience et la compassion envers soi-même.

- **Petit BamBou** (application francophone)

    - Des séances adaptées aux débutants et aux praticiens confirmés.

- **Sam Harris – Waking Up**

    - Méditations guidées mêlant pleine conscience et explorations philosophiques.

Intégrer ces ressources dans votre quotidien vous offrira non seulement des outils pour apaiser l'esprit, mais aussi des perspectives pour explorer votre monde intérieur avec sérénité.